Julian Hannes
Die Welt ist böse!

Das Buch

Die Welt ist böse! Glaubst du nicht? Nun gut. Dieses Buch ist es allemal: Hierin treiben Flugzeugentführer, Serienkiller, Massenmörder, Kidnapper und der Geheimdienst ihr Unwesen. In den dreizehn Geschichten sterben mehr als dreißig Menschen, neun verschwinden spurlos. In all diesen wahren und doch mysteriösen Kriminalfällen hat die Polizei den Täter nie geschnappt. Manche von ihnen könnten noch unter uns leben. Die Welt ist nicht böse? Passt lieber auf euch auf.

Der Autor

Julian Hannes ist 1996 in einem Vorort von Frankfurt am Main geboren. Seit 2011 macht er Videos auf YouTube. Auf seinem Kanal »Jarow« begeistert er mehr als 1,7 Millionen Abonnenten mit seinen gruseligen und mysteriösen Geschichten. Längst gehört Julian zu den beliebtesten YouTubern Deutschlands. Seine Videos werden monatlich zehn Millionen Mal geklickt.

JULIAN HANNES

JAROW

DIE WELT IST BÖSE!

WAHRE KRIMINAL-GESCHICHTEN

Plötz & Betzholz Verlag

Originalausgabe im Plötz & Betzholz Verlag
1. Auflage Juli 2018
3. Auflage 2018
© Ullstein Buchverlage GmbH, Berlin (2018)
Gestaltung:
Umschlaggestaltung: zero-media.net, München
© FinePic®, München
Titelabbildung:
Fotos: © Vladyslav Siaber (S. 12), Jakub Krechowicz (S. 34),
Oliver Huitson (S. 44), Jazzlove (S. 62), Dan (S. 78), Mariusz (S. 98),
c-foto (S. 116), Zacarias da Mata (S. 136), Mattiariccadonna (S. 150),
Figaro (S. 166), Dash1502 (S. 180), dglimages (S. 196), PackShot
(S. 214). Alle Fotos stammen von der Plattform Fotolia.com.
Grafiken: kjpargeter/ Freepik (Hintergrund), vectorpocket/
Freepik (Klebestreifen), Can Stock Photo/
paketesama (Klammern)
Layout: Kristin Blöcker
Satz: LVD GmbH, Berlin
Gesetzt aus der Linguistics Pro und der Cabin Condensed
Druck und Bindearbeiten: CPI books GmbH, Leck
ISBN 978-3-96017-010-5

Inhaltsverzeichnis

Vorwort   9

Verschwunden in 3000 Metern Höhe   12

D. B. Cooper gelang die einzige ungelöste Flugzeugentführung in der Geschichte der USA. Ob er überlebte, ist bis
heute ein Rätsel.

Fauler Beigeschmack   34

Die kanadische Studentin Elisa Lam wird tot im Wassertank
eines Hotels gefunden. Die Polizei glaubt an Selbstmord.
Doch vieles spricht dagegen.

In Luft aufgelöst   44

Ein Medizinstudent geht in eine belebte Bar – und kommt
nie wieder heraus. Wo ist Brian Shaffer?

Der Tote im feinen Zwirn

62

An einem Strand im Süden Australiens stirbt ein Mann.
Er wurde vergiftet. Ist der unbekannte Tote ein Spion?

Die gar nicht heile Welt

78

Auf einem einsamen Bauernhof werden sechs Menschen
mit einer Spitzhacke erschlagen. Es ist der wohl schrecklichste ungelöste Familienmord Deutschlands.

Mord im Mondlicht

98

Ein sadistischer Serientäter mit weißer Maske treibt in einer
Kleinstadt bei Texas sein Unwesen. Seine Opfer: verliebte Paare.

Der YOG'TZE-Fall

116

Ein nackter Mann liegt tot in seinem Auto. Die Obduktion
ergibt: Er wurde überfahren. Wie kann das sein?

Die Ruhe nach dem Sturm

136

Drei Leuchtturmwärter verschwinden spurlos von einer einsamen Insel nahe Schottland. Sie hinterlassen mysteriöse Logbucheinträge.

Der Djatlow-Pass

150

Neun junge Wanderer sterben bei einer Expedition ins russische Gebirge. Alles deutet auf einen Unfall hin – bis ihre Leichen obduziert werden.

Auf und davon

166

Ein Norddeutscher gerät im Urlaub in eine Schlägerei. Danach fühlt er sich verfolgt. Und verschwindet nach einem Arztbesuch spurlos.

Der Snapchat-Mord

180

Zwei Mädchen filmen mit ihrem Handy heimlich einen fremden Mann. Wenig später sind sie tot. War der Unbekannte ihr Mörder?

Last Christmas

Drei Mädchen wollen am Tag vor Weihnachten letzte Geschenke besorgen. Sie kehren von ihrer Shoppingtour nicht zurück. Wurden sie entführt?

196

Auf Nummer sicher

Ein Rentnerehepaar wird im Chiemgau erschossen und in ihrem eigenen Wohnmobil verbrannt. Dann flüchtet der Täter mit einem Taxi.

214

Bonuskapitel

Die gruseligste Geschichte meines Lebens

232

Fazit & Danksagung

238

VORWORT

Ich war etwa sechs Jahre alt, als ich zum ersten Mal mit einem ernst zu nehmenden Verbrechen konfrontiert wurde. Bis zu jenem Tag war ich in einer idyllischen Vorstadt aufgewachsen, in der sich Fuchs und Hase Gute Nacht sagen. Hier kannte jeder jeden und Verbrechen passierten ausschließlich sonntagabends im Tatort.

Doch das Unheil kann selbst einen so friedlichen Ort wie meine Heimatstadt heimsuchen, und meistens gerade dann, wenn man es am wenigsten erwartet.

Es war ein unspektakulärer Schultag wie jeder andere gewesen, wir saßen gerade im Mathe-Unterricht und grübelten über einer Textaufgabe, als der Gong der Schulglocke unerwartet die Stille unterbrach. Der Schuldirektor meldete sich mit zittriger Stimme und erklärte, dass es ein Gewaltverbrechen gegeben habe, nicht mal einen Kilometer weit entfernt. Der Schulleiter nannte keine Details, aber später erfuhren wir, dass es sich um einen Mord gehandelt hatte. Tatmotiv: Eifersucht. Ein Mann hatte den Neuen seiner Ex-Freundin auf einem Spielplatz mit einem Messer getötet, ganz in der Nähe der Schule. Ihr müsst wissen: Ich hielt mich zu dieser Zeit ziemlich oft an genau diesem Spielplatz auf, weil ich dort mit ein paar Freunden regelmäßig Fußball spielte. Natürlich schoss mir sofort ein Gedanke in den Kopf: Was wäre gewesen, wenn ich ausgerechnet an diesem Morgen dort gespielt hätte, als der Mann mit dem Messer auf sein Opfer losgegangen ist?

Ich werde auch nie die unsichere Stimme des sonst so

selbstbewussten Direktors vergessen, die durch die Lautsprecher in alle Klassenzimmer drang. Der Täter, sagte er, sei auf der Flucht und es wäre zwar nicht wahrscheinlich, aber durchaus möglich, dass er ausgerechnet in unserer Schule Schutz suchen würde. Die Lehrer sollten bitte die Klassenzimmer abschließen und auf der Hut bleiben.

Ihr könnt euch wahrscheinlich sehr gut vorstellen, was so eine Durchsage mit einem Haufen kleiner Kids macht. Sofort breitete sich Panik im Raum aus. Die Lehrerin selbst wirkte überfordert und unentschlossen, wie sie reagieren sollte. Sie hätte Ruhe vermitteln sollen, aber stattdessen sah man die pure Angst in ihrem Gesicht. Wer mag es ihr verübeln, so eine Situation lernst du nicht während des Lehramtsstudiums. Sie schloss die Tür ab und versuchte, uns zu beruhigen. Es half nichts. Ein paar Jungs aus meiner Klasse und ich schnappten uns ein paar Wasserflaschen aus dem Getränkekasten. Wir positionierten uns damit hinter der Tür und waren jeder Zeit bereit, auf jeden, der diese Tür ungefragt betritt, mit unseren Flaschen einzuprügeln. Es muss echt niedlich ausgesehen haben, aber einen waschechten Gangster hätten wir damit wohl kaum verunsichern oder gar überwältigen können.

Glücklicherweise verschonte uns der Täter an diesem Tag. Irgendwann gab der Direktor schließlich Entwarnung und wir durften die Schule wieder verlassen. Ich hörte abends in den Nachrichten, dass sie den Kerl gefasst hatten, einige Städte weiter. Ich konnte also beruhigt die Augen zumachen und mit dem Gedanken einschlafen, dass die Bösen immer gefasst werden. Wie im Film.

Leider hält die Wirklichkeit nicht immer ein Happy End

bereit, wie ich mir das als kleiner Junge vorgestellt habe. Die Realität schlägt oft gnadenloser und härter zu, als es sich ein Regisseur je ausdenken könnte. Auf meinem YouTube-Kanal sammele ich seit Jahren ungelöste, mysteriöse Kriminalfälle und erzähle sie meinen Zuschauern als Geschichten. Gerade die Tatsache, dass es am Ende keine Auflösung gibt, macht das für mich so spannend. Ich habe ein Faible dafür entwickelt. Schon die eine oder andere Nacht habe ich damit verbracht, mir stundenlang jedes erdenkliche Material zu einem bestimmten Fall anzueignen und meine eigenen Theorien zu entwickeln, was passiert sein könnte. Wenn ich nicht YouTuber wäre, dann wäre ich wahrscheinlich Privatdetektiv. Es ist mir ein Rätsel, wie im Zeitalter von GPS, Smartphones und DNA-Tests immer noch Menschen spurlos verschwinden und Verbrechen ungesühnt bleiben können.

In diesem Buch werde ich euch in 13 Kapiteln die in meinen Augen spannendsten, ungelösten Kriminalfälle dieser Welt vorstellen. Ich habe wochenlang recherchiert, bekanntere mit unbekannteren Fällen gemischt und die Fakten sowie meine eigenen Theorien für euch aufbereitet. In einem Bonuskapitel verrate ich euch dann noch meine ganz persönliche Gruselgeschichte. Sie ist wirklich passiert, eine Kriminalgeschichte ist es jedoch nicht. Die Polizei hat nie ermittelt, es ist niemand gestorben oder zu Schaden gekommen. Anders als in den anderen Storys. Und wer weiß: Mit etwas Glück hat vielleicht sogar einer von euch eine entscheidende Idee und kann helfen, Licht ins Dunkel eines dieser mysteriösen Kriminalfälle zu bringen.

Nun aber viel Spaß mit dem Buch!

1

VERSCHWUNDEN IN 3000 METERN HÖHE

D. B. Cooper gelang die einzige ungelöste Flugzeugentführung in der Geschichte der USA. Ob
er überlebte, ist bis heute ein Rätsel.

Es kommt selten vor, dass ein Verbrecher von der Bevölkerung gefeiert wird. Ein Volksheld wie einst Robin Hood, der die Reichen beklaute, um es den Armen zu geben, existiert nicht in unserer Welt. Die meisten realen Diebe haben keine edlen Motive, sie brauchen schlicht und ergreifend Geld. Dafür sind einige bereit, höchste Risiken einzugehen.

Aber niemand würde einen Verbrecher verehren, dessen einziges Motiv Geld war und der zusätzlich Menschenleben in Gefahr brachte, oder? Doch! Im kleinen Örtchen Ariel im US-Bundesstaat Washington findet jährlich ein Gedenktag zu Ehren eines der berühmtesten Erpresser der Welt statt. Sogar ein eigener Shop wurde nach ihm benannt. Der Mann, der der Welt nur unter dem Namen D. B. Cooper bekannt wurde, ist nicht nur im winzigen Ariel, sondern auch im Rest der USA eine Art Legende, die sogar von nicht wenigen respektiert und bewundert wird. Es geht um die einzige ungelöste Flugzeugentführung in der Geschichte der Vereinigten Staaten von Amerika und einen Mann, dem das FBI trotz jahrzehntelanger Arbeit nie auf die Schliche kam. Um einen Verbrecher, der entweder total irre oder unheimlich genial war. Oder vielleicht auch beides.

Der Linienflug 305 von Portland nach Seattle war am 24. November 1971 nur spärlich gebucht. Gerade einmal 37 Tickets waren verkauft worden. Es war der Tag vor Thanksgiving und die meisten Passagiere der Northwest Orient Airline wollten ihre Familie noch rechtzeitig zum Erntedankfest sehen. Florence Schaffner hatte als Stewardess dementsprechend wenig zu tun an diesem Nachmittag. Es war ein entspannter Flug, bis sie von einem gut aussehenden Mann auf Sitz 18C wegen einer Getränkebestellung herbeizitiert wurde. Der Typ war ihr schon direkt beim Boarding aufgefallen. Er sah aus, als wäre er gerade einem James-Bond-Streifen entsprungen. Über seinem perfekt gebügelten weißen Hemd trug er einen schwarzen Anzug, eine dunkle Krawatte und passend dazu eine Sonnenbrille. Er musste um die vierzig Jahre alt sein und seine Körpergröße schätzte sie auf knapp unter 1,80 Meter. Der mysteriöse Gast bestellte einen Bourbon Whiskey und zündete sich eine Zigarre an. Das mag für uns ungewöhnlich klingen, aber damals gab es noch kein Rauchverbot in Flugzeugen.

Als der Fluggast bezahlte, steckte er der Stewardess einen weißen Umschlag zu. Florence Schaffner vermutete, dass darin seine Telefonnummer stünde, die Kontaktdaten eines einsamen Geschäftsmannes, der eine Freundin suchte. Es kam nicht selten vor, dass ein männlicher Passagier versuchte, sie anzuflirten, und so steckte sie den Umschlag kommentarlos in ihre Tasche. Sie drehte sich um in der Hoffnung, der Mann ließe es dabei beruhen. Doch er blieb hartnäckig.

»Fräulein, Sie schauen sich den Zettel besser an! Ich habe eine Bombe«, sagte er wortwörtlich. In Schockstarre öffnete die erfahrene Flugbegleiterin den Umschlag und las die Worte: »Ich habe eine Bombe in meiner Aktentasche. Falls nötig, werde ich von ihr Gebrauch machen. Ich möchte, dass Sie sich neben mich setzen.« Die Stewardess tat, was er ihr befahl, und setzte sich neben Dan Cooper, dies war zumindest der offizielle Name, unter dem der Unbekannte sein

Ticket für zwanzig Dollar erworben hatte. Vorsichtig fragte sie Cooper, ob er ihr die Bombe zeigen könne. Dieser öffnete ohne zu zögern seine Aktentasche und präsentierte rote Zylinder und Drähte.

Für einen Laien sah der Inhalt des Koffers definitiv wie eine Bombe aus. Cooper schickte sie zurück ins Cockpit. Schaffner sollte dem Piloten persönlich seine Forderungen durchgeben. Er forderte 200 000 Dollar Lösegeld und vier Fallschirme, dann würden alle Passagiere lebend das Flugzeug verlassen.

William Scott, der Pilot, funkte direkt die Flugsicherung in Seattle an und überbrachte Coopers Forderungen. Die Beamten am Boden empfahlen der Crew, mit dem Entführer bedingungslos zu kooperieren, und als die Maschine gegen 17:45 Uhr in Seattle-Tacoma landete, waren ein Beutel mit dem Lösegeld und die vier Falschschirme bereitgestellt. Cooper war extrem vorsichtig, er hatte dem Piloten befohlen, in einem isolierten Bereich des Flughafens zu landen und alle Fenster geschlossen und verdeckt zu halten. Er hatte Angst, dass ihn Scharfschützen der Polizei ausschalten wollten. Ansonsten war er höflich und zuvorkommend, ganz anders, als man sich einen klassischen Entführer vorstellt. Tina Mucklow, eine weitere Stewardess an Bord, gab später zu Protokoll, dass ihm zu keiner Zeit Nervosität anzumerken war. Cooper wirkte, als wüsste er genau, was er tat, bestellte sich gelassen einen weiteren Bourbon und bezahlte ordnungsgemäß. Er wollte sogar noch Trinkgeld geben, als wäre es überhaupt keine besondere Situation. Später bot er der Crew sogar an, für sie Essen zu ordern.

EIN SPRUNG INS NICHTS

Al Lee, ein Manager der Northwest Orient Airlines, überbrachte das Lösegeld persönlich. Er betrat das Flugzeug in Straßenkleidung, da er Angst hatte, dass Cooper die Uniform der Fluggesellschaft als Polizistenuniform missinterpretieren könnte. Dan Cooper hielt sein Wort und ließ alle 36 verbleibenden Fluggäste aussteigen. Man hatte ihnen etwas von technischen Problemen erzählt und sie lange im Unklaren darüber gelassen, dass ihre Maschine entführt wurde.

Anschließend forderte Cooper, das Flugzeug vollzutanken. Auch diesem Befehl kam die Fluggesellschaft nach. An Bord verblieben nur der Pilot, der Copilot, ein Flugingenieur, Stewardess Tina Mucklow und Cooper selbst. Er hatte sich bei jedem Schritt seiner genau durchgeplanten Entführung etwas gedacht. Dass er vier Fallschirme forderte, war kein Zufall. Er wollte die Polizei am Boden glauben lassen, dass mehrere Leute aus der Crew aus dem Flugzeug springen würden, denn nur so konnte er sich sicher sein, dass das FBI die Fallschirme nicht manipuliert hatte.

Um 19:40 Uhr, knapp zwei Stunden nach der Landung, befahl Cooper der restlichen Crew, wieder zu starten. Seine Vorgaben: Die Maschine sollte Richtung Mexiko fliegen, zudem sollte das Fahrwerk während des Fluges ausgefahren und die Landeklappen auf 15 Grad aufgeklappt bleiben. Die Flughöhe sollte 3000 Meter betragen, was deutlich niedriger war, als bei einem Linienflug üblich. Die Geschwindigkeit sollte so langsam wie nur möglich sein. Penibel drängte

Cooper darauf, dass diese Bestimmungen exakt erfüllt wurden. Der Pilot Scott merkte an, dass der Treibstoff nicht bis Mexiko reichen würde, ohne zwischendurch nachzutanken. Nach langem Diskutieren einigte sich Cooper mit der Crew, dass sie dafür in Reno in Nevada landen würden, da die Stadt strategisch am günstigsten lag.

Gegen 20 Uhr befahl Cooper der gesamten Crew, sich ins Cockpit zu verziehen und die Türen zu schließen. Cooper hatte nie vor, sich nach Mexiko abzusetzen, es war wie vieles an seiner Geschichte ein Ablenkungsmanöver. Stewardess Mucklow beobachtete ihn noch dabei, wie er vermutlich den Geldsack um seine Hüfte band.

Um 20.11 Uhr meldete eine Lampe im Cockpit, dass die Heckklappe geöffnet war. Pilot Scott funkte daraufhin Cooper an: »Ist da hinten alles okay?«

»Nein«, sagte der Entführer ein letztes Mal per Funk und sprang mit dem Fallschirm in die kalte, schwarze Nacht über Washington. Dan Cooper, der wahrscheinlich legendärste Entführer aller Zeiten, wurde nie wiedergesehen. Im Flugzeug zurück blieben allein seine Krawatte, eine Perlmutt-Krawattennadel und acht Zigarrenstummel.

Für die Crew war der Albtraum mit Coopers Sprung beendet. Die verbliebenen vier an Bord landeten die Maschine in Reno und wurden von FBI-Beamten empfangen, die die Boeing 727 sofort nach der Landung stürmten. Sie kamen zu spät.

Eine beispiellose Suche begann nach diesem Mann, der anscheinend alle überlistet hatte. Berechnungen des FBI zufolge musste Cooper im Clark County in der Nähe des Lewis Rivers im Bundesstaat Washington gelandet sein. Es ist ein entlegenes Gebiet, bergig, wenig besiedelt und von dichten Wäldern durchzogen. Es war wie eine Suche nach der Nadel im Heuhaufen. Über 1000 Mitarbeiter der Polizei und des FBI durchkämmten mühsam die Umgebung, es wurden Spürhunde und Hubschrauber eingesetzt. Straßensperren und Kontrollen im ganzen County eingerichtet. Dazu kamen Tausende Freiwillige und Privatdetektive, die sich der Suche anschlossen. Doch von Dan Cooper und seinem Lösegeld gab es zunächst keine Spur. Es schien, als hätte dieser Verrückte das Unmögliche geschafft: Er war entkommen.

Das FBI ermittelte 45 Jahre mehr oder weniger erfolglos in diesem Fall und stellte die Ermittlungen 2016 ein. Im Laufe dieser Jahre gab es unzählige Verdächtige, auf die ich später noch eingehen werde, allerdings bewahrheitete sich keine dieser Anschuldigungen. Eine kuriose Trivialität in diesem Fall ist, dass der Verdächtige landesweit als D. B. Cooper bekannt wurde, was auf einen Flüchtigkeitsfehler in einer Agenturmeldung zurückging. In Wahrheit war der Deckname des Mannes Dan Cooper, doch selbst das FBI nannte den Fall später den »D. B. Cooper Case«.

Ich will mit euch die wohl spannendste Frage in diesem Fall diskutieren: Hat unser tollkühne Cooper den Sprung überhaupt überlebt?

In den USA wurde über wenige Verbrechen mehr diskutiert also über dieses. Die einen sind sich sicher, dass Dan Cooper heute im Rentenalter auf irgendeiner Karibikinsel lebt und noch immer seinen Coup feiert, während die anderen der festen Überzeugung sind, dass er den Sprung nicht lebend überstand. So denkt auch das FBI, die Ermittler gehen mittlerweile davon aus, dass Dan Cooper in jener Novembernacht ums Leben kam. Kritiker denken, dass es nur eine bequeme Erklärung des Geheimdienstes ist, um ihre ergebnislosen Ermittlungen zu rechtfertigen. Schauen wir uns doch mal an, was dafür und was dagegen spricht.

War Dan Cooper ein erfahrener Fallschirmspringer? Zunächst ging man davon aus, denn ein Amateur hätte sich so eine Aktion wohl nie getraut. Dennoch blieben Zweifel. Heute meint das FBI, dass nur ein Laie einen solch tollkühnen, weil extrem gefährlichen Sprung hätte wagen können.

Es herrschte Winterkälte am 24. November 1971. Die Temperatur war in 3000 Meter Höhe wohl deutlich unter dem Gefrierpunkt. Obwohl es mit jeder Sekunde im freien Fall wärmer wird, so hätte sich die Kälte schnell in seinen Gliedern bemerkbar gemacht.

Ein routinierter Fallschirmspringer wäre zudem vermutlich viel südlicher, zum Beispiel erst über Mexiko gesprungen. Als Cooper sprang, peitschte ein stürmischer Regen durch die Nacht und ein unberechenbarer, heftiger Gegenwind machte ihm zu schaffen. Einen Absprung zu überleben wäre schon für einen Profi ein Kunststück gewesen. Cooper allerdings trug keine professionelle Ausrüstung, sondern sprang in Anzug und Hemd, zudem mit einem Geldbeutel umgeschnallt. Selbst unter besten Bedingungen tragen geübte Fallschirmspringer einen Helm (in Deutschland sogar Pflicht), eine Schutzbrille und einen speziellen Kombi-Anzug. Sobald er in der Luft war, hatte er keinerlei Orientierungsmöglichkeit in der schwarzen, regnerischen Nacht. Er hätte auf sein Glück vertrauen müssen. Cooper hätte auch niemals planen können, wo genau er landet. Bei der Wetterlage, der Fluggeschwindigkeit und in einer Zeit ohne GPS wäre eine punktgenaue Landung weit außerhalb der menschlichen Möglichkeiten.

Doch selbst wenn Cooper den Flug unbeschadet überstanden hätte, hätte ihm das Schwierigste noch bevorgestanden: die Landung. Die Gegend im Hinterland von Washington ist bewaldet und bergig, das Risiko, auf einen Baum zu krachen oder auf einem Felsen aufzuschlagen, ist dementsprechend hoch. Außerdem ist da noch der Lewis River, der bei einer ungewollten Landung darin tödlich sein könnte. Cooper hatte kaum Möglichkeiten, seinen Flugkurs bei dem starken Wind punktgenau zu kontrollieren, es war ein einziges Glücksspiel der Naturgewalten.

Schieben wir alle diese Bedenken beiseite und nehmen einfach mal an, Cooper hat den Sprung tatsächlich überlebt. Dann wäre der Entführer irgendwo in tiefster Wildnis gelandet, nachts, im Winter und unzureichend bekleidet. Bis er sich aus der Wildnis in die Zivilisation gekämpft hätte, wären womöglich Stunden vergangen, und selbst dann wäre ein Mann in zerrissenem Anzug mit einem großen Geldbeutel in der Hand in jedem Hinterwäldlerdorf das Gesprächsthema Nummer eins gewesen. Wie hätte er das County verlassen sollen? Per Anhalter? Das FBI aber registrierte keine solche Zeugenaussage. Hatte er am Boden einen Komplizen? Denkbar, aber wie hätte er diesen informieren sollen, wo genau er gelandet ist? In einem Zeitalter ohne Handys wäre das schwer möglich gewesen, und einen Mittäter auf gut Glück in so einem großen Gebiet umherfahren zu lassen, wäre ebenfalls unsicher gewesen. Selbst wenn Cooper und sein Komplize Funkkontakt gehabt hätten, wie hätte der Entführer selbst wissen sollen, wo genau er gerade gelandet ist? Man konnte damals nicht mal eben schnell auf Google Maps nachschauen. Der Ort der Landung war aufgrund von heftigen Winden unmöglich vorab einzugrenzen und so groß, dass Cooper nicht jeden Baum oder Felsen ausgespäht haben konnte, um sich später zu orientieren.

Wenn man sich das alles vergegenwärtigt, passt einiges nicht zusammen. Während der Anfang der Entführung des selbstsicheren Coopers noch bis ins Detail geplant wirkte, passt dieser selbstmörderische Sprung nun wirklich nicht ins Bild. Zudem lehnte Cooper einen Militärfallschirm des FBI ab, sondern bestand auf einen zivilen, veralteten Fallschirm. Mit dem Militärschirm hätte er weitaus bessere Überlebenschancen bezüglich des Aufpralls gehabt, doch es muss Gründe gegeben haben, warum er freiwillig darauf verzichtete. Der wahrscheinlichste ist, dass er sich mit dem Amateurfallschirm, wie er vor allem von Hobby-Springern eingesetzt wird, besser auskannte. Damit wäre auch geklärt, dass Cooper sich seine eigene Erfahrung nicht beim Militär aneignete, denn sonst hätte er sicherlich den besseren Schirm gewählt. Zudem übersah er, dass bei seinem Fallschirm der Reserveschirm für den Notfall nicht funktionierte, weil er zugenäht war. Das war keine Absicht der Polizei, sie hatte die zivilen Fallschirme nur notgedrungen in Windeseile aus einer naheliegenden Fallschirmschule besorgt. Er sprang trotzdem.

Was spricht dafür, dass Cooper den Sprung überlebte? Das stärkste Argument, das für das Überleben Dan Coopers spricht, ist, dass seine Leiche nie gefunden wurde, auch der Fallschirm und die Beute sind verschollen. Das Gebiet wurde penibel durchkämmt, das FBI leistete eine der größten Suchaktionen seiner Geschichte, Hubschrauber, Hunde und Infrarotkameras wurden eingesetzt. Mehrere Tausend Leute suchten die Wälder ab. Der Sprung wurde von den Flugexperten des FBI detailgetreu nachgestellt, um herauszufinden, wo Cooper genau landete, aber auch das brachte die Beamten nicht weiter. Die Leiche tauchte einfach nicht auf. Dan Cooper könnte auch deutlich erfahrener sein, als er es vermuten ließ. Er wählte den Flug 305 nicht zufällig aus, sondern weil es sich um eine Boeing 727 handelte, das einzige Linienflugzeug der damaligen Zeit, an dem die Heckklappe am Boden angebracht war. Nur aus dieser Maschine war es möglich zu springen, ohne von den Triebwerken eingesogen zu werden.

Zudem hatte er den Kurs vorgegeben und die Flughöhe genau berechnet, was dafürspricht, dass er wusste, was er tat. Es gibt zudem die Möglichkeit, dass in dem Aktenkoffer mit der vermeintlichen Bombe eventuell noch Hilfsutensilien für den Sprung versteckt waren. Da die gesamte Crew im verschlossenen Cockpit saß, beobachtete niemand Cooper bei seinem Sprung. Somit kann auch keiner sagen, ob er nicht doch eine bessere Ausrüstung trug, als man vermutete.

Kannte Cooper die Gegend, in der er landete? Versteckte er sich in der Wildnis und wartete auf die Gelegenheit zu fliehen? War es gar Teil seines Plans, die Ermittler denken zu lassen, er sei ein Amateur?

DIE TRICKS DES FBI

Das FBI hatte das Theaterstück während Coopers Entführung zwar brav mitgespielt, im Hintergrund hatten sie allerdings einige Fallstricke installiert, um den Entführer schnellstmöglich dingfest zu machen. Die Boeing 727 wurde, nachdem sie aus Seattle-Tacoma abhob, von zwei Kampfjets und einem Helikopter verfolgt. Dummerweise war die Sicht in dieser Nacht so schlecht, dass die Piloten der Jets überhaupt nicht mitbekamen, als Cooper sprang. Sie konnten ihn deswegen nicht verfolgen. Eine regnerische, trübe Nacht auszuwählen, klang zunächst nach einem Himmelfahrtskommando von Cooper, war es am Ende aber sogar genau so gewollt, damit die Verfolger den Sprung nicht mitbekamen?

Die Dollarnoten des Lösegeldes hatte das FBI auf einen Mikrofilm aufgenommen und die Seriennummern notiert, damit der Flüchtige sofort aufflog, sobald er sie in den Umlauf bringen würde. Doch nie wurde auch nur ein Schein der 200 000 Dollar eingesetzt. Das FBI geht deshalb davon aus, dass Cooper entweder das Geld beim Flug verlor oder eben mit der Beute zusammen starb.

Erstaunlich viele Menschen in den USA sympathisieren mit Cooper, obwohl die Ermittler ihn als gewöhnlichen Kriminellen verteufeln. Viele der einfachen Bürger wollen einfach fest daran glauben, dass er es geschafft hat. Natürlich gibt es logische Erklärungen, warum Cooper das Geld nie in Umlauf brachte. Von Geldwäsche in Spielkasinos oder mexikanischen Drogengeschäften war alles dabei. Die wahrscheinlichste Theorie ist, dass Cooper das Geld einfach auf ein Konto eingezahlt hat. Trotz neu eingeführtem Anti-Geldwäsche-Gesetz registrieren die Banken nur selten die Seriennummern ihrer Scheine und so wäre das die simpelste und wahrscheinlichste Möglichkeit.

1980 schien den Ermittlern der Durchbruch im Fall D. B. Cooper gelungen zu sein. Der achtjährige Brian Ingram fand bei einem Picknickausflug mit seinen Eltern einen Teil des Lösegelds. Der Kleine hatte an einer Sandbank des Columbia Rivers ein Loch gebuddelt und war aus allen Wolken gefallen, als er dabei zufällig auf drei Stapel aus 20-Dollar-Noten gestoßen war. Es waren insgesamt 5800 Dollar. Zwei Bündel mit je hundert 20-Dollar-Noten, beim letzten waren es nur 90.

Das Kuriose: Der Fundort lag über 30 Kilometer weit weg von der vom FBI berechneten Landezone nahe der kleinen Stadt Ariel. Es gab zwei Theorien: Entweder waren die Geldbündel durch mehrere kleine Flüsse in den Columbia River getrieben worden oder aber die Berechnungen des FBI waren komplett falsch. Die vom FBI favorisierte Flusstheorie wurde von vielen geologischen Experten stark angezweifelt. Auch das beim letzten Bündel zehn Scheine fehlten, ansonsten aber alles perfekt an den Stapeln war, schien ungewöhnlich. Hatte es Cooper doch geschafft und war er nahe des Columbia Rivers gelandet? Hatte er einen Teil seiner Beute dort vergraben? Aber wieso hätte er das tun sollen? Viele meinen, es sei ein Ablenkungsmanöver von ihm gewesen. Nicht unmöglich, denn der Mann war mit allen Wassern gewaschen und deshalb ist ihm jede absichtliche Irreführung zuzutrauen, aber wirklich Sinn hätte die Aktion auch nicht gemacht. Vielleicht war ihm auch einfach ein Teil der Beute beim Flug aus der Tasche gefallen und, im wahrsten Sinne des Wortes, vom Winde verweht worden.

DIE VERDÄCHTIGEN

Jeder Mensch auf der Welt hat Familie, Freunde oder zumindest Bekannte. Kaum jemand lebt komplett isoliert für sich. Wenn ein begnadeter Fallschirmspringer aus meinem Umfeld einen spektakulären Überfall begeht und der Fall läuft in den Medien in Dauerschleife, dann ist es unmöglich, dass ich nichts davon mitbekomme, oder? Wenn dann noch landesweit mit einem sehr detaillieren Phantombild gefahndet wird, dann wird mir doch wohl auffallen, dass mein Bekannter als Täter infrage kommt. Da der Fall Dan Cooper mediales Aufsehen erregte wie kaum ein anderer Fall zuvor, ist es für mich nicht nachvollziehbar, wieso nicht irgendjemand diesen Mann erkannt und dies dem FBI gemeldet hat. Irgendjemand aus einer Fallschirmschule, ein Verwandter, ein Kumpel, ein Familienmitglied oder ein Arbeitskollege muss doch diesen Mann erkannt haben. Kein Mensch lebt komplett anonym. Natürlich gab es Hinweise und Hunderte Leute meinten, ihr Onkel, ihr Bruder oder gar ihr Sohn sei D. B. Cooper. Das FBI ging jedem einzelnen Hinweis nach, überprüfte Spuren und Alibis, doch jeder Tatverdächtige konnte recht schnell wieder entlastet werden. Und Tatverdächtige gab es viele.

Wie zum Beispiel Richard McCoy. Keine vier Monate nach Coopers spektakulärer Entführung imitierte er die Aktion fast detailgetreu. In Denver stieg der beim Militär ausgebildete Hubschrauberpilot in ein Flugzeug des Typs Boeing 727 und erpresste die Crew in fast exakt jenem Wortlaut, den Cooper benutzt hatte. Er sprang aus der Maschine, landete heil am Boden, wurde allerdings im Gegensatz zu Cooper recht schnell von der Polizei gefasst. Ein Autofahrer hatte ihn in seinem Fallschirmspringer-Outfit als Anhalter mitgenommen und lieferte dem FBI den entscheidenden Tipp. McCoy sah Cooper optisch auf jeden Fall ähnlich und so war für viele klar, dass Cooper und McCoy dieselbe Person seien. Doch McCoy hatte viele einfache Fehler gemacht, die Cooper nicht passiert waren. McCoy vergaß beispielsweise seinen handgeschriebenen Zettel im Flugzeug, während Cooper sich seinen wieder hatte zurückgeben lassen. Die Handschrift war auch einer der Beweise, die McCoy schließlich überführten. Als McCoy später aus dem Gefängnis ausbrach, wurde er auf der Flucht von einem Polizisten erschossen. Er bestritt nie, Dan Cooper zu sein, bestätigte es aber auch nicht. Als er mal von einem Journalisten konkret darauf angesprochen wurde, sagte er nur: »Darüber will ich nicht sprechen.« Auch wenn ganze Bücher erschienen, die Cooper und McCoy gleichsetzten, schloss das FBI McCoy als Verdächtigen im Cooper-Fall aus. Er hatte zu dem Zeitpunkt ein bombenfestes Alibi und zudem passten einige Merkmale nicht zusammen. Kurios ist die optische Ähnlichkeit der beiden dennoch und so bleibt für viele McCoy immer noch der Hauptverdächtige.

Die vielleicht heißeste Spur war der ehemalige Soldat Duane Weber, der seiner Frau Jo Weber, im Jahre 2000 auf dem Sterbebett anvertraut haben soll, er sei Dan Cooper. Sie begann zu recherchieren und deckte etliche Zusammenhänge zwischen ihrem Mann und der Geschichte auf. Ihr Mann hatte eine Knieverletzung, die von einem Sprung aus einem Flugzeug stammte. Er hat zur damaligen Zeit in der Nähe des Flughafens von Portland gearbeitet und war bei seinen Freunden auch unter dem Pseudonym Dan Cooper bekannt. Als eine Gesichtserkennungssoftware eine hohe Übereinstimmung mit dem Phantombild von Cooper aufzeigte, schrillten beim FBI die Alarmglocken. Doch eine DNA-Probe mit der im Flugzeug zurückgelassenen Krawatte von Dan Cooper war negativ, und so schloss das FBI Weber als Täter aus.

Und da war noch die Nichte des Kriegsveteranen Lynn Cooper, die sich im Juli 2011 beim FBI meldete. Sie verdächtigte ihren eigenen Onkel, Dan Cooper zu sein. Am 23. November 1971, also einen Tag vor der berühmten Tat, hatte sie ein Gespräch zwischen Lynn Cooper und einem weiteren Familienangehörigen belauscht, in dem es um eine boshafte Tat, die die beiden planten, ging und für die sie teure Funkgeräte benötigten. Redeten sie etwa von der Flugzeugentführung? War die andere Person der Komplize am Boden, den ihr Onkel nach der Landung mit einem Funkgerät informierte?

Einen Tag nach der Tat sei ihr Onkel dann »blutig, verletzt und unordentlich« zu einer Familienfeier erschienen. Zunächst erklärte er seinen Zustand mit einem Autounfall, später erwähnte er angeblich eine Entführung und sprach von gelösten Geldproblemen. Das FBI versuchte DNA-Spuren von einem Gitarrengurt des mittlerweile toten Lynn Cooper mit dem Entführer Dan Cooper zu vergleichen. Dies führte allerdings zu keinem Erfolg. Die Beamten gaben allerdings zu bedenken, dass sie nicht zu hundert Prozent sicher seien, dass die DNA-Spuren von Coopers Krawatte auch wirklich zu ihm gehören. Sollte die DNA-Spur tatsächlich nicht zu Cooper gehören, wäre natürlich auch Duane Weber nicht entlastet.

Eine weitere Spur führte zu Robert Rackstraw. Er hat ebenfalls eine Armee-Vergangenheit und diente als Hubschrauberpilot im Iran. Er war schon einige Jahre nach der Tat in den Fokus der Ermittler gerückt, da er die nötige Erfahrung für die Entführung besaß und schon einmal versuchte, seinen eigenen Tod vorzutäuschen. Die Ermittlungen gegen ihn wurden jedoch schnell eingestellt, da er mit 28 Jahren zum Tatzeitpunkt zu jung war für die Beschreibung des Dan Cooper. 2018 hatte ein kleines Team von Dokumentarfilmern die Theorie neu aufgestellt, dass Robert Rackstraw der wahre Dan Cooper sei. Sie schickten einen angeblich entschlüsselten Brief an verschiedene Tageszeitungen, der beweisen soll, dass Rackstraw und Cooper dieselbe Person seien. Tom Colbert, der Kopf hinter der Dokumentation, behauptet, das FBI nehme seine Theorie nur deswegen nicht ernst, weil es dann zugeben müsste, dass seine ganze Organisation versagt hätte. Der Anwalt von Rackstraw entgegnete Colbert, dass sein Mandat nicht Cooper sei und die Anschuldigungen das Lächerlichste seien, das er je gehört habe. Auch eine der damaligen Flugbegleiterinnen entlastete Rackstraw und will keine optischen Ähnlichkeiten mit Cooper erkannt haben.

Was ist, wenn Cooper nie gesprungen ist? Weder die Crew noch die Besatzung der Abfangjäger, die die Boeing verfolgten, sahen Cooper springen. Hat er sich eventuell an Bord verstecken können? Es klingt unwahrscheinlich, da das FBI natürlich das Flugzeug auf den Kopf stellte, allein um alle Spuren sicherzustellen. Es wäre natürlich ein überaus genialer Streich, wenn Cooper an Bord blieb und erst am Boden heimlich entkam. Vielleicht warf er ein Teil der Beute aus der Heckklappe, um die Polizei auf die falsche Fährte zu führen, und diese wurde dann von dem kleinen Jungen gefunden.

Die andere Theorie wäre ein »Inside Job«, also dass Cooper einen Maulwurf in der Crew des Flugzeugs hatte. Von Anfang an war Cooper ruhig und gelassen, fühlte sich jederzeit auf der sicheren Seite. Was ist, wenn jemand aus der Crew sein Komplize war? An Coopers Stelle wäre das ein feiner Zug gewesen, so hatte er einen Verbündeten, der ihm genaue Daten durchgeben konnte und der ihm überhaupt das Wissen zu seinem Coup im Vorfeld besorgte. Diese Theorie wurde aber sicherlich vom FBI auch genauestens überprüft.

Noch verrückter wäre die Möglichkeit, wenn es Dan Cooper nie gegeben hätte. Jemand aus der Crew könnte sich verkleidet und ihn gespielt haben, während die anderen Passagiere anwesend waren. Das wäre ein extrem riskantes Spiel gewesen. Und die gesamte Crew hätte bei dem Coup mit eingeweiht sein müssen. Dass keiner vorher einen Fehler machte oder im Nachhinein etwas ausplauderte, scheint unrealistisch.

Der Pseudonym »Dan Cooper« wurde übrigens nicht zufällig gewählt, es ist der Name einer Figur aus einem belgischen Comic. Cooper ist ein kanadischer Kampfjetpilot und auch das Fallschirmspringen kommt in der Serie vor. 1971 war der Comic noch nicht in englischer Sprache übersetzt worden, weswegen Ermittler den Verdacht hatten, Cooper stammte aus Teilen des französischsprachigen Kanadas.

Im April 2013 wurde der Chef einer Fallschirmschule erschossen in seinem Haus aufgefunden. Es handelte sich um Earl Cossey, es war der Chef jener Schule, die damals dem FBI die zivilen Fallschirme für Cooper gestellt hatte. Natürlich wurden sofort wieder Verschwörungstheorien im Internet aufgestellt, die den Mord an Cossey mit Cooper in Verbindung bringen. Die Polizei geht allerdings von einem einfachen Raubmord aus.

MEIN FAZIT

Wer ist Dan Cooper? Hat er überlebt? Die Fragen, die ganz Amerika diskutieren ließen, werde auch ich euch heute nicht beantworten können, aber tragen wir doch mal die Fakten zusammen. Cooper muss mindestens ein ambitionierter Hobbyfallschirmspringer gewesen sein, er muss zudem über genaue Flugzeugkenntnisse verfügt haben, kannte sich in der Boeing 727 aus. Arbeitete er bei einer Airline oder am Flughafen? Angeblich kam ihm der Seattle-Tacoma-Flughafen bekannt vor, er redete mit der Crew darüber. Er wusste ebenfalls über die nahe liegende Militärbasis Bescheid, von der die Abfangjets starteten.

Er bereitete sich penibel vor, nahm ein passendes Pseudonym und kannte jede Einzelheit seines Plans auswendig. Wer in so einer Situation so ruhig und gelassen bleibt, muss ein abgebrühter Hund sein, was dafürspricht, dass er schon Schlimmeres durchgemacht hat als diese Aktion. Eine Militärvergangenheit, beispielsweise als Fallschirmjäger oder Pilot bei der Luftwaffe, erscheint logisch, dagegen spricht allerdings die Ablehnung des militärischen Fallschirms. In vielen Situationen bewies sich Cooper als enorm klug und vorbereitet, er ließ sich seinen Zettel wiedergeben, hinterließ kaum verwertbare Spuren und wusste, wie er sich vor den Scharfschützen der Polizei schützen musste. Es ist nicht unmöglich, diesen Sprung zu überleben. Bei einem Gegenwind von 300 Stundenkilometern, peitschendem Regen und keiner geeigneten Kleidung über unbekanntem Gebiet in der

Nacht abzuspringen, ist ohne Frage lebensmüde, aber mit etwas Glück überlebte Cooper seinen Coup.

Vielleicht wollen viele Menschen auch einfach nur, dass Cooper überlebt hat, weil sonst sein Heldenmythos sterben würde. Aber solange keine Leiche gefunden wurde, ist sein Ende nicht bewiesen. Er spielte nie ernsthaft mit dem Leben seiner Geiseln, er war höflich und zuvorkommend und floh auf die wohl spektakulärste Art und Weise aus dem Flugzeug. Genau das sind die Attribute, die ihn zu einem Volkshelden werden ließen. Ich persönlich denke, falls er die ganze Aktion überlebt hat, dass er dann auch klug genug war, das Geld so zu waschen oder einzuzahlen, dass es nicht wieder registriert wurde.

Aber wer ist dieser Mann? Wieso meldete sich niemand, der ihn wirklich kannte? Dass er aus der Gegend um den US-Bundesstaat Washington kommt, ist unwahrscheinlich. Das Risiko wäre zu hoch gewesen, dort erkannt zu werden. Vermutlich kam er aus einem anderen Teil der USA, eventuell sogar aus Kanada.

Coopers Entführung setzte weltweit neue Maßstäbe bei der Flugsicherheit. Metalldetektoren wurden in den USA eingeführt und die Kontrollen deutlich verstärkt.

Und auch in diesem Jahr werden sich wieder am 24. November im kleinen Ariel viele Menschen versammeln, einen Bourbon Whiskey trinken und eine Zigarre rauchen, auf Cooper, den vielleicht genialsten oder auch irrsten Verbrecher der Welt. Oder auch beides.

2
FAULER BEIGESCHMACK

Die kanadische Studentin Elisa Lam wird tot im Wassertank eines Hotels gefunden. Die Polizei glaubt an Selbstmord. Doch vieles spricht dagegen.

Sehr oft fragen mich Zuschauer, ob ich mich manchmal selbst vor den Geschichten grusele, die ich in meinen Videos erzähle. Es ist tatsächlich so, dass ich meinen Storys schon die eine oder andere schlaflose Nacht zu verdanken habe. Der nun folgende Fall einer jungen Studentin aus Kanada hat mich, als ich zum ersten Mal davon erfahren habe, ernsthaft mitgenommen. Es war spät am Abend und ich lag schon im Bett, als ich noch einmal meine E-Mails durchschaute. Zwischen dem üblichen Spam, Rechnungen und Newslettern war auch die Nachricht von einem meiner Abonnenten dabei. Es war ein Link, der mit folgenden Worten kommentiert war: »Schau dir das unbedingt an! Der Fall wird dich verrückt machen!«

Tatsächlich suchte ich in jener Nacht wie wild im Internet nach Fakten zu dem mysteriösen Tod der 21-Jährigen. Mein Versuch, Sherlock Holmes zu spielen, wurde jedoch von meiner Mutter abrupt beendet, die um sechs Uhr morgens in mein Zimmer platzte. Sie wollte mich für die Schule wecken und war verdutzt, als ich bereits wach am Computer saß. Ich tat so, als sei ich erst kurz zuvor aufgewacht.

Ich hätte ihr auch nur schwer erklären können, dass sich ihr Sohn die Nacht um die Ohren schlug, weil er davon besessen war, einen Mordfall, der sich im fernen Amerika abgespielt hat, aufzuklären. Sie hätte mich nicht nur für verrückt gehalten, sondern mir wahrscheinlich auch eine Woche Internetverbot gegeben. Und das konnte ich nun wirklich nicht riskieren. Also, sorry, Mama, falls du das liest, es war eine Notlüge!

Es war ein Routineanruf, den der Portier des Hotels Cecils in Los Angeles, USA, am 13. Februar 2013 entgegennahm. Die Gäste aus Zimmer 417 meldeten, dass das Leitungswasser einen bitteren Beigeschmack und eine merkwürdige schwarze Färbung hätte. Normalerweise sorgten solche Beschwerden beim Personal des heruntergekommenen Zwei-Sterne-Hotels nicht mal für ein Achselzucken, doch es waren an diesem Tag bereits die vierten Gäste, die sich über das Wasser aus dem Hahn beklagten. Also schickte der Portier den Hausmeister auf das Dach zum Wassertank, um nachzusehen, ob vielleicht jemand etwas hineingeworfen hatte oder ob etwas die Rohre verstopfte. Doch als der Angestellte den Deckel des Wassertanks öffnete, traute er seinen Augen nicht. Im Wasser schwamm die Leiche einer jungen Frau. Wie sich schnell herausstellte, war es Elisa Lam. Sie galt seit mehr als zwei Wochen als vermisst.

Wochen zuvor hatte sich 21-jährige Studentin aus Kanada entschlossen, einen Trip entlang der US-amerikanischen Westküste zu machen. Ihre Eltern waren aus Hongkong nach Nordamerika emigriert, um ihrer Tochter eine bessere Perspektive zu bieten. Die junge Frau mit den dunklen Haaren und den asiatischen Gesichtszügen präsentierte auf Fotos meistens ein warmherziges Lächeln. Sie studierte erfolgreich an der University of British Columbia in Vancouver. Ihre Reise war für sie vermutlich so etwas wie eine Flucht aus dem starren Alltag. Sie hatte außer einem Rucksack kaum Gepäck dabei und war vor allem in Überlandbussen unterwegs.

Sie durchquerte San Francisco und San Diego, ehe sie in Los Angeles einen mehrtägigen Halt einlegte. Dort nahm sie sich ein Zimmer im Hotel Cecil, eine günstige Bleibe, die allerdings in einem wirklich zwielichtigen, gefährlichen Viertel liegt. War Elisa dies bewusst, als sie eincheckte? Und noch viel wichtiger: Kannte sie die Vergangenheit des Hotels? In den 50er- und 60er-Jahren war das Hotel Cecil immer wieder ein Rückzugsort für zwielichtige Gestalten. Auch eine Hollywood-Schauspielerin war damals in dem Hotel unter dubiosen Umständen ums Leben gekommen. In den 80er- und 90er-Jahren schrieb die Unterkunft Schlagzeilen, da mehrere Serienmörder ihre Taten im Hotel Cecil planten. Richard Ramirez beispielsweise, in den Medien vor allem als der »Night Stalker« bekannt, wohnte in den Jahren 1984/85 im vierzehnten Stock der Herberge. Er operierte bei seinen grausamen Taten aus seinem Hotelzimmer heraus und war in dieser Zeit für mindestens vierzehn Morde verantwortlich. Der Ruf des Hotels Cecil hat unter den Vorkommnissen bis heute sehr gelitten, obwohl viele Jahre vergangen sind. Wer nicht gerade den Nervenkitzel sucht, bucht eine andere Unterkunft. In den Jahren vor dem Todesfall im Wassertank war es aber deutlich ruhiger um das Hotel geworden. Es bietet mittlerweile Menschen mit wenig Geld eine günstige Übernachtungsmöglichkeit im Herzen der Weltmetropole Los Angeles. Menschen wie Elisa Lam.

Die Studentin war ganz alleine unterwegs, und schon um diesen Umstand ranken sich diverse Gerüchte. Es hieß immer wieder in Internet-Foren, dass sie sich mit einer Bekanntschaft aus dem Internet treffen wollte. Ein Date? Die Polizei bestätigte diese Theorie nie. Allerdings ist bekannt, dass Elisa im Netz sehr stark aktiv war und unter anderem in einem Tumblr-Blog regelmäßig Bilder und bekannte Zitate postete. Ab und zu verriet sie ihren Followern auch etwas über ihr Seelenleben. Die Behörden überprüften mögliche Internet-Verabredungen in diesem Zeitraum, sind aber auf nichts Entscheidendes gestoßen. Vielleicht erkundete sie in Wahrheit ganz ohne mysteriöse Begleitung die Westküste und hielt sich wie viele andere Studenten mit »Work and Travel« über Wasser. Doch warum begab sich die junge Frau ganz alleine auf ihre verhängnisvolle Reise? Die Antwort darauf kennt wohl nur Elisa selbst und die nahm sie mit in ihr Grab.

Was wir jedoch wissen, ist, dass sie ihre Reise ursprünglich am 31. Januar 2013 fortsetzen wollte. Das Ziel stand bereits fest: Santa Cruz, südlich von Kalifornien. Doch Elisa Lam checkte weder aus dem Hotel aus noch rief sie ihre Eltern an. Dabei galt sie eigentlich als äußerst zuverlässig, meldete sich regelmäßig bei ihren engsten Verwandten und Freunden. Als ihre Eltern mehrere Tage nichts von ihr hörten, alarmierten sie die Polizei und flogen selbst nach Los Angeles, um nach ihrer Tochter zu suchen. Sie kamen zu spät.

Die spannendste Frage ist: Was ist in diesem Hotel vor sich gegangen? Wie kam Elisa in diesen Wassertank? War es Mord oder Selbstmord? War es ein Unfall? Je länger man nach Antworten sucht, desto mehr Fragen tauchen auf. Der Polizeibericht geht jedenfalls von keinem Fremdverschulden aus. Die Obduktion lieferte dafür auch keinerlei Spuren. Der Pathologe notierte als Todesursache ertrinken. Die Theorie von einem Mädchen, das vollgedröhnt in den Wassertank gefallen ist und ertrank, konnte jedoch ebenfalls schnell widerlegt werden: In ihrem Blut wurden weder Drogen noch Alkohol nachgewiesen. Die Polizei ermittelte relativ wenig und machte es sich recht einfach, indem sie direkt einen Mord ausschloss. Doch so einfach war der Fall nicht.

Der Wassertank befand sich auf dem Dach des Hotelgebäudes, das man nur durch eine alarmgesicherte Tür erreichen konnte. Dieser Alarm wurde nie ausgelöst. Dafür gibt es nur zwei Möglichkeiten: Entweder schaffte es Elisa, einen anderen, gefährlichen Weg aufs Dach zu finden, oder ein Hotelmitarbeiter hat ihr geholfen. Vielleicht ihr Mörder?

Es gibt auch durchaus Motive für einen Selbstmord. Die Kanadierin soll unter Depressionen gelitten haben und nahm Medikamente dagegen ein. Sie schilderte der Online-Community in einem Internetblog immer wieder ihr Leid. »Du wirst immer von der Idee gejagt werden, dass du dein Leben verschwendest«, lautete das Leitzitat auf ihrer Internetpräsenz. Es stammt von Chuck Palahniuk, einem kanadischen Autor. Akut selbstmordgefährdet sei sie allerdings nie gewesen, sonst hätten ihre Eltern sie wohl kaum alleine auf so eine lange Reise gelassen. Ein Post, den sie kurz vor ihrem Verschwinden absetzte, macht allerdings stutzig. Sie erzählte, dass sie sich von einer Person im Hotel Cecil verfolgt fühle. Sie ging nicht näher darauf ein. War das vielleicht ihr späterer Mörder?

Ich habe, wie gesagt, viele Stunden über diesen Fall nachgedacht, und nun will ich euch erläutern, wieso die Theorie der Polizei in meinen Augen Schwachsinn ist. Wenn sich jemand umbringen will, dann wählt er dafür meistens einen möglichst schmerzlosen Weg. Die meisten schlucken Tabletten oder erhängen sich an einem Seil. Ertrinken hingegen gilt als einer der schmerzvollsten Tode. Freiwillig wählt diesen Weg kein Selbstmörder. Wieso sollte Elisa also diesen Tod gewählt haben? Wieso gerade in einem Wassertank auf einem Hoteldach? Wie schaffte sie es alleine, ohne Alarm auszulösen, aufs Dach? Woher wusste sie überhaupt, dass es dort oben einen Wassertank gibt? Wieso hinterließ sie keinen Abschiedsbrief für ihre Familie? Wieso postete sie nichts im Internet, wo sie doch sonst alles mitteilte? Ihre Weiterreise nach Santa Cruz war schon perfekt geplant: Das macht doch kein Mensch, der einen Selbstmord plant, oder? Wer war die Person, von der sich Elisa verfolgt fühlte? Ich habe euch gewarnt: Dieser Fall birgt deutlich mehr Fragen als Antworten.

Kennt ihr das, wenn ihr alleine seid und euch unbeobachtet fühlt? Man macht Dinge, die man niemals vor anderen Menschen tun würde. Ich zum Beispiel laufe laut singend durch die Wohnung, und glaubt mir, ich bin wirklich froh, dass mich dabei niemand hört. Ich mag einige Stärken haben, aber singen gehört definitiv nicht dazu.

Im Internet kursiert das Video einer Überwachungskamera des Hotels. Diese Kamera nimmt das Geschehen im Fahrstuhl auf. Auf dem besagten Video ist nur Elisa Lam zu sehen. Es wurde im Internet millionenfach geklickt und äußerst kontrovers diskutiert. Das Verhalten der Studentin stellt uns vor weitere Rätsel. Wie besessen drückte sie hintereinander verschiedene Knöpfe des Aufzugs. Einmal kauerte sie in der Ecke des Fahrstuhls, dann stieg sie aus und schaute sich um, als würde sie verfolgt werden. Die Aufnahme wurde mutmaßlich kurz vor ihrem Gang auf das Dach gemacht. Es scheint nur zwei rationale Erklärungen dafür zu geben, denn Drogen können wir wie gesagt ausschließen.

Die einen sehen eine psychisch gestörte Elisa Lam, die offensichtlich den Verstand verloren hat, die anderen eine junge Frau, die verfolgt wird und um ihr Leben fürchtet. Nehmen wir an, sie wurde wirklich verfolgt: War diese Person dann ihr Mörder? Falls ja, muss unser Mister X gute Ortskenntnisse gehabt haben. Er musste wissen, dass es auf dem Dach einen Wassertank gab, er musste die Überwachungskameras kennen und er musste wissen, wie man dort hochkommt, ohne den Alarm auszulösen. Im Internet vermuteten viele, dass es sich um einen Angestellten des Hotels handeln könnte.

Ein paar Tage nach dem Todesfall brach in der Gegend um das Hotel die Tuberkulose aus. Die Infektionskrankheit befällt meistens die Lunge und kann bereits durch bloßes Einatmen von infizierten Mikro-Tröpfchen übertragen werden. Eine Krankheit, mit der nicht zu scherzen ist. Die Behörden verteilten einen Schnelltest an die Bevölkerung, damit jeder selbst testen konnte, ob er infiziert ist. Warum erzähle ich euch das? Der Kurzname des Tests lautete Lam-Elisa. True Story! War das ein Zufall? Nun darf man an dieser Stelle nicht verschweigen, dass Tuberkulose-Tests auch in der Vergangenheit schon so genannt wurden. Es macht den Fall allerdings nicht weniger mysteriös.

Eine weitere Verbindung gibt es zu dem Film »Dark Water« aus dem Jahre 2005. In dem Film geht es um die Mutter Dahlia, die mit ihrer Tochter Cecilia in ein altes Gebäude zieht. Die fiktive Story beginnt auch mit faulem Wasser und endet mit einem toten Mädchen im Wassertank auf dem Dach. Zudem spielen auch ein Aufzug mit Fehlfunktion und ein imaginärer Freund des Mädchens eine Rolle. Noch nicht genug gruselige Verbindungen zwischen dem Film und dem Tod von Elisa? Die Mutter im Film heißt Dahlia, genau wie die sogenannte »Black Dahlia«, eine Schauspielerin, deren Mord in Los Angeles bis heute nicht geklärt ist. Kurz vor ihrem schrecklichen Ende im Jahr 1947 soll sie sich im Hotel Cecil aufgehalten haben. Die Tochter im Film heißt Cecilia, wie das Hotel Cecil. Das alles können natürlich Zufälle sein, aber es gibt nicht wenige, die an eine Art Ritualmord glauben. Wollte jemand den Film in der Realität umsetzen?

MEIN FAZIT

Ich würde so viel dafür geben, mir die letzte Nacht von Elisa Lam auf Video angucken zu können. Ich will unbedingt wissen, was damals wirklich geschah. All meine Recherche und meine zwischendurch aufgeworfenen Fragen werden uns heute keine Antwort bringen. Das frustriert mich. Sollte es wirklich ein Verbrechen gewesen sein, dann hat der Täter den perfekten Mord begangen. Und was noch viel gruseliger ist: Er würde immer noch auf freiem Fuß sein. Ich werde jedenfalls nicht mehr ruhig schlafen, sollte beim nächsten Sommerurlaub im Hotel das Wasser mal nicht schmecken.

3

IN LUFT AUFGELÖST

Ein Medizinstudent geht in eine belebte Bar – und kommt nie wieder heraus. Wo ist Brian Shaffer?

Es gibt wenige Themen, die in der Politik so leidenschaftlich diskutiert werden wie die perfekte Symbiose aus Freiheit und Sicherheit. Immer wenn eine schreckliche Tat geschieht, wie beispielsweise der Fall einer Frau, die in Berlin hinterrücks eine U-Bahn-Treppe heruntergetreten wurde, werden die Rufe nach mehr Sicherheit laut. Dann fordern wieder viele Leute zusätzliche Polizisten und Überwachungskameras, am besten an jeder Ecke der Stadt, damit es einem Täter unmöglich gelingen kann, unerkannt zu entkommen. Die Anhänger von liberaleren Ansichten argumentieren dagegen weiterhin gegen eine stärkere Überwachung. Die Daten könnten in den falschen Händen landen, die Großkonzerne uns noch intensiver nachspionieren. Mehr Kameras würden im Umkehrschluss nicht gleichzeitig mehr Sicherheit bedeuten, und auch in einer Stadt wie London, die über eines der weltweit dichtesten Netze an Überwachungskameras verfügt, werden mehr Straftaten begangen als in den Großstädten Deutschlands. Dieses Kapitel ist ein klarer Beweis dafür, dass Kameras alleine noch kein Verbrechen verhindern: Es handelt von einem jungen Studenten, der in einer belebten, videoüberwachten Bar verschwindet.

Brian Shaffer galt als äußerst beliebter junger Mann. Clever, lebensfroh und positiv verrückt sind die Adjektive, mit denen ihn Freunde beschreiben. Im Jahr 2006 besuchte der damals 27-jährige Student die Columbia University in Ohio. Er befand sich im zweiten Jahr seines Medizinstudiums und bestand mit Bestnoten, doch sein wahrer Traum, so scherzte er immer wieder, war es, später auf einer tropischen Insel zu leben und dort eine Bar zu eröffnen.

Arzt wollte er nur so lange sein, bis er genug Geld für eine eigene Bar zusammenhätte. Sein MySpace-Profil hatte er humorvoll gestaltet, wo er seine Freundin Alexis Waggoner unter anderem als »superheiß« beschrieb. Die beiden kannten sich von der Uni und waren extrem verliebt ineinander. Sie führten offenbar eine glückliche Beziehung. Doch nicht alles in Brian Shaffers Leben war so positiv, wie es auf seinem Internetprofil schien: Seine Mutter war an Krebs verstorben, nur wenige Wochen bevor er für immer verschwinden sollte.

Der 31. März 2006 war der Beginn der Spring Break, wie man in den USA die Frühlingsferien bezeichnet. Brian hatte in diesem Semester viel für die Uni gelernt. Er war eine Nachteule, paukte oft bis spät in die Morgenstunden und fand dementsprechend kaum Schlaf. An diesem Tag war Brian bei seinem Vater Randy, um ihn zu trösten, weil er noch nicht über den Tod seiner Ehefrau hinweggekommen war. Brian sei übermüdet gewesen, sagte sein Vater später den Ermittlern, als er ihn in einem Steakrestaurant traf. Trotzdem habe Brian ihn aufgemuntert, viel gelacht – er sei in einer guten Verfassung gewesen, gab der Vater zu Protokoll. Brian habe erzählt, dass er an diesem Abend so richtig feiern gehen wollte, weil an diesem Freitag endlich die Ferien begonnen hatten. Am darauffolgenden Montag war ein Liebestrip mit seiner Freundin Alexis nach Miami geplant, doch zuvor wollte er mit Kumpels und Kommilitonen das Nachtleben von Columbia genießen. Sein Vater hatte Bedenken. Er riet Brian, sich doch endlich mal auszuruhen, doch dieser winkte ab.

DIE KNEIPENTOUR

Alexis Waggoner war zu Besuch bei ihren Eltern in Toledo, und so standen die Chancen gut für einen reinen Männerabend. Brian rief seinen jüngeren Bruder Derek an, doch dieser sagte ihm ab, da er mit seiner Freundin eine Comedy-Veranstaltung besuchte. Heute bereut er es, seinem älteren Bruder abgesagt zu haben, da Dereks Anwesenheit sicherlich den Lauf der Dinge beeinflusst hätte.

Brian traf sich schließlich nur mit seinem besten Freund William Florence, der von engen Bekannten nur Clint genannt wird. Die beiden Kumpels zogen durch die Straßen in der Nähe des Uni-Campus. Hier pulsierte das Nachtleben von Columbus, gerade wegen des Ferienbeginns waren die Straßen überflutet von feierwütigen Studenten, die man gerade von der Leine gelassen hatte. Brian und Clint landeten in der Ugly Tuna Saloona, einer Bar südlich der Universität. Um etwa 21 Uhr stiegen die beiden Studenten in den Aufzug, der in die Bar führte. Die Kneipe lag im Obergeschoss und bot den Besuchern neben guter Musik auch einen netten Ausblick. Die Einrichtung war urig und wurde hauptsächlich von Studenten besucht.

Die Sauftour der Kumpels startete zwar in der Ugly Tuna Bar, doch schon bald zog es sie weiter durch andere Clubs und Bars der Stadt. Clint und Brian tranken Tequila-Shots am laufenden Band, und besonders Brian wirkte sehr betrunken. Er hatte seine Freundin Alexis zwischendrin angerufen und ihr gesagt, wie sehr er sie vermisse und liebe.

Außerdem könne er ihren gemeinsamen Trip nach Miami in ein paar Tagen nicht mehr abwarten.

Bei ihrer Kneipentour trafen sie in einer Bar namens »The Short North« auf Meredith Reed, einer guten Freundin von Clint. Sie fragten die Studentin, ob sie noch mal mit zurück in die Ugly Tuna Bar kommen wolle. Die Jungs wollten den stürmischen Abend dort ausklingen lassen, wo er begonnen hatte. Meredith sagte zu und so fuhren sie um 1.15 Uhr in der Nacht, wie die Überwachungskameras beweisen, mit dem Aufzug in die Bar im Obergeschoss.

Mittlerweile war der Laden voll bis unters Dach. Ausgelassen tanzten Studenten auf den Tischen und tranken ihre Cocktails an der Bar. In dem Gewühl verloren Clint und Meredith Brian aus den Augen. Als die Bar um zwei Uhr zumachte, suchten sie ihren Freund überall, doch Brian war anscheinend nicht mehr in der Bar. Verwundert gingen die beiden nach Hause. Wirklich Sorgen machte sich Clint um seinen besten Freund jedoch nicht. Sicherlich hatte er ein Taxi nach Hause genommen und war vor ihnen aus der Bar gestolpert, mutmaßte er. Alternativ konnte er auch auf andere Bekannte gestoßen sein und war mit ihnen weitergezogen. Dass sich die Freunde auf ihren Kneipentouren mal nicht sofort wiedergefunden haben, kam nicht gerade selten vor. Deshalb hatte Clint auch kein schlechtes Gewissen, als er an jenem Abend ohne Brian nach Hause fuhr. Es war ein Fehler.

SPURLOS VERSCHWUNDEN

Am nächsten Morgen blieb Brians Handy ausgeschaltet und auch sonst gab es kein Lebenszeichen des Medizinstudenten. Seine Freundin Alexis begann mittlerweile, sich Sorgen zu machen. Sie telefonierte mit Brians Vater Randy und mit Clint, doch keiner wusste, wo ihr Freund steckte. Sie fuhr in Brians Wohnung, doch auch dort war er nicht. Seine persönlichen Wertgegenstände befanden sich unverändert in der Wohnung, und auch sein Auto stand nicht weit entfernt vom Apartment. Brians Familie vermutete, dass er vielleicht bei einem Kumpel übernachtete. Derek zog in Betracht, dass es sich um einen Aprilscherz handelte, den Brian ihnen spielen wollte. Es war schließlich der 1. April und Brian als Spaßvogel bekannt.

Allerdings meldete sich Brian auch am nächsten Tag nicht, sein Handy blieb ausgeschaltet. Mittlerweile hatte seine Familie schon alle Freunde angerufen und einige persönlich abgeklappert, doch keiner hatte etwas von Brian gehört oder gesehen. Als Alexis dann am Montagmorgen alleine am Flughafen-Gate stand und Brian ihren seit Langem geplanten Flug nach Miami ausfallen ließ, auf den sich die beiden so gefreut hatten, schloss sie einen Streich endgültig aus. Sie schaltete die Polizei ein.

Die Ermittler sichteten alle Überwachungskameras der Ugly Tuna Bar und stießen auf ein gruseliges Detail, das diesen Fall so mysteriös werden ließ und ihm landesweite Aufmerksamkeit schenkte. Noch um 1.55 Uhr sieht man Brian, wie er sich mit zwei Mädchen vor dem Aufzug unterhält. Die beiden jungen Frauen wurden später als Kommilitoninnen aus seinem Medizin-Studiengang identifiziert. Nach dem kurzen Gespräch ging Brian wieder in die Bar, die wenige Minuten darauf geschlossen wurde.

Jetzt wird es spannend: Denn während alle Gäste nacheinander aus dem Ugly Tuna Saloona strömten, fehlte von Brian jede Spur. Die Überwachungskamera zeichnete auf, wie er um kurz vor zwei in die Bar ging, doch nicht, wie er sie verließ. Jeder einzelne Gast der Kneipe war auf dem Videoband zu sehen, bis auf Brian. Was war mit ihm passiert? War er immer noch in der Bar?

Die Polizei setzte Spürhunde ein und stellte den Laden auf den Kopf, doch der lebensfrohe Student blieb verschollen. Es gibt tatsächlich einen einzigen nicht videoüberwachten Ausgang, der allerdings nur Bediensteten zur Verfügung steht. Diesen als Außenstehender, zudem betrunken, zu nutzen, hielten die Behörden für äußerst unrealistisch. Er war an diesem Abend verschlossen, und Spürhunde der Einsatzkräfte konnten dort keine Spur von Brian erschnüffeln. Die Polizei und das mittlerweile hinzugezogene FBI standen vor einem Rätsel, das unlösbar schien, denn Brian konnte sich schlecht einfach in Luft aufgelöst haben.

In den darauffolgenden Tagen verteilte Alexis Suchblätter an der gesamten Universität und rief stündlich sein Handy an. Sein Vater Randy sprach mit den Medien und forderte die Bevölkerung auf, die Suche nach seinem Sohn zu unterstützen.

Die Ermittler nahmen den Fall ernst, sie suchten das gesamte Gebiet um die Bar herum mit Spürhunden ab und ließen sich zudem die Aufnahmen aller Überwachungskameras der umliegenden Geschäfte aushändigen. Auf keiner fanden sie eine Spur des Verschwundenen. Sobald die Ermittler kurz dachten, sie hätten Brian gesichtet, konnte die Familie den Verdacht nicht bestätigen. Wenn der Medizinstudent die Bar in jener Nacht durch einen unbeobachteten Ausgang verließ, dann hatte er es zudem geschafft, von keiner einzigen Straßenkamera gesehen zu werden.

Natürlich spielte die Polizei auch mit dem Gedanken, dass der Verschollene untergetaucht war, um ein neues Leben anzufangen. Trotz intensiver Suchaktionen tauchte immerhin keine Leiche auf, was die Wahrscheinlichkeit erhöhte, dass Brian selbst hinter seinem Verschwinden steckte. Die Frage war nur: Wieso sollte der erfolgreiche Student und angehende Arzt, der zudem in einer glücklichen Beziehung war, alles hinter sich lassen? Er hatte keine Feinde und keine Probleme – im Gegenteil. Alexis und er hatten sogar schon über eine mögliche Hochzeit gesprochen, der Trip nach Miami war gebucht. Wollte er ihr dort womöglich einen Heiratsantrag machen?

Das FBI hob zwar hervor, dass es Brians Traum war, auf einer fernen Insel zu leben, und dass der Tod seiner Mutter ihn eventuell mehr mitgenommen hatte, als bekannt war, doch auch das waren keine hinreichenden Indizien für eine inszenierte Flucht. Freunde, Bekannte und Familienangehörige verwiesen einheitlich eine solche Theorie ins Reich der Mythen.

DER LÜGENDETEKTOR-TEST

Die Polizei war sich nicht sicher, ob Clint und Meredith, die mit Brian als Letzte unterwegs waren, wirklich alles gesagt haben, was sie wussten. Die Kriminalbeamten wollten einen Lügendetektor-Test durchführen, ein in der amerikanischen Justiz gerne gewähltes Mittel, um die Glaubwürdigkeit von Zeugen zu überprüfen. Die Genauigkeit solcher Untersuchungen wird aber von wissenschaftlicher Seite immer wieder angezweifelt.

Zunächst wurde Brians Vater verhört – und bestand den Test. Meredith Reed, die Freundin, die sie zufällig getroffen hatten, unterzog sich ebenfalls dem Verhör und auch ihre Aussagen konnten verifiziert werden. Clint jedoch schaltete einen Anwalt ein, der den Lügendetektor-Test verhinderte. Die Polizei durfte Brians besten Freund und womöglich eine der letzten Personen, die ihn lebend gesehen hatte, nicht auf Falschaussagen testen.

Natürlich sorgte die Ablehnung des Tests dafür, dass viele Bekannte von Brian Clint verdächtigten, etwas zu verbergen. Auch Derek, der Bruder des Verschwundenen, war misstrauisch geworden. Zudem behauptete Derek, gehört zu haben, wie Clint sich negativ über Brian äußerte, was man von dem besten Freund eines Verschollenen eigentlich nicht erwarten sollte. Der Anwalt versuchte, die Wogen zu glätten, und ließ verlautbaren, dass er seinem Klienten zu einer Ablehnung des Tests geraten hatte, da Clint bereits alles der Polizei erzählt hatte, was er wusste. Der Test sei somit überflüssig.

Einen Monat nach dem Verschwinden wurde in Brians Wohnung eingebrochen. Die Polizei zog daraufhin Alexis hinzu. Sie sollte überprüfen, welche Wertsachen fehlten. Die Ermittler schlossen allerdings aus, dass es einen Zusammenhang mit Brians Verschwinden gab. Der Täter hatte vermutlich lediglich gesehen, dass die Wohnung schon länger leer stand, und seine Chance genutzt.

Alexis gab die Suche nach ihrem Freund nicht auf, auch Monate später rief sie ihn täglich auf seinem Handy an. Es war eine Routine für sie, ein Ritual, um Brian nicht aufzugeben. Jedes einzelne Mal schaltete sich die Mailbox ein. Sie kannte die Ansage mittlerweile auswendig. Im September 2006 ertönte jedoch plötzlich keine Voicemail – sondern das Handy klingelte. Es klingelte und klingelte, doch niemand hob ab. Euphorisch schrieb Alexis auf MySpace, dass das Klingeln des Handys das Schönste sei, was sie jemals gehört hätte. Die Polizei sprach mit dem Mobilfunkanbieter, der darauf verwies, dass es sich auch um einen Fehler gehandelt haben könnte und das Handy nicht wirklich geklingelt hatte. Die andere Option schien verlockender: Brian hatte das Handy kurz eingeschaltet und ist somit noch am Leben. An diesen Hoffnungsschimmer klammerten sich Alexis' und Brians Familie. Das FBI versuchte, das Handy zu orten, doch daraus ergaben sich keine neuen Hinweise.

DAD, ICH LIEBE DICH

Wie bei jedem Vermisstenfall, der ein solches Medienecho nach sich zieht, trafen täglich Dutzende neue Hinweise ein. Auch ein vermeintlicher Zeuge meldete sich bei Brians Vater und behauptete, dass sein Sohn tot in einem Fluss liege. Die Polizei ließ alle Flüsse in der Nähe des Tatorts durchsuchen, doch ohne Ergebnis. Auch eine Leiche, die in den Wäldern außerhalb von Columbus gefunden wurde, war nicht Brian.

2008 traf das Schicksal die Familie Shaffer ein weiteres Mal. Randy Shaffer, der vom Leid gebeutelte Vater, der erst seine Frau und dann seinen Sohn verloren hatte, wurde während eines Sturms von einem Baum erschlagen und starb. Nun war Derek Shaffer, Brians jüngerer Bruder, der einzige noch lebende, nähere Angehörige des Vermissten. Als online jemand zu Randys Tod postete, gingen die Spekulationen wieder los: »Dad, ich liebe dich. Brian. (Virgin Islands)«. Die Polizei trackte die IP-Adresse und fand heraus, dass es sich lediglich um einen makabren Spaß gehandelt hatte.

In all den folgenden Jahren hielten sich die Ermittler bedeckt. Der leitende Beamte Sergeant Hurst verriet zwar, dass die Polizei drei Theorien darüber aufgestellt hätte, was passiert sein könnte, man diese aber nicht öffentlich diskutieren werde. Er betonte selbst zehn Jahre nach dem Verschwinden noch, dass der Fall selbst die damaligen Ermittler emotional mitgenommen habe und sogar heute noch darüber auf der Wache geredet werde. Der Fall sei nicht geschlossen und die Hoffnung immer noch da, ihn irgendwann zu lösen.

Neue Hinweise gibt es allerdings nun schon seit Jahren nicht. Nur E-Mails von Clints Anwalt wurden publik, in denen dieser behauptet, er hätte mit den Detectives gesprochen und diese hätten ihm versichert, dass man beim FBI davon ausgehe, dass Brian noch am Leben sei. Nicht etwa sein Mandant, der viel gescholtene Clint, sei derjenige, der den Shaffers Schaden zugefügt hatte, sondern Brian selbst. Er sei derjenige, der das ganze Leid beenden könne. Derek Shaffer antwortete darauf, dass er schon immer geglaubt habe, dass Clint Informationen zurückhalte. Als die Polizei die Ermittlungen damals übernahm, habe sich Brians bester Freund auf einmal komplett zurückgezogen und einen Anwalt eingeschaltet. Falls Brian sich abgesetzt hat, was Derek nicht glaubt, dann wisse nur Clint, wohin, sagte er einmal.

WAS GESCHAH IN DER BAR?

Mich hat das Rätsel um Brian Shaffer nachts wach liegen lassen. Der Student geht in eine Bar, kommt aber nicht wieder heraus. Irgendetwas stimmt an der ganzen Geschichte nicht. Der Mann kann sich nicht zwischen unzähligen feiernden Kommilitonen einfach in Luft auflösen. Doch was ist in der Ugly Tuna Bar in jener Nacht wirklich geschehen? Ich werde versuchen, die wahrscheinlichsten Theorien aufzulisten.

THEORIE I

Brian hatte das Ganze von langer Hand geplant. Oberfläch-
lich war er vielleicht mit seinem Leben zufrieden, doch in-
nerlich wollte er aus der Studentenwelt, die ihn psychisch
zerstörte und auslaugte, fliehen. Als seine Mutter dann noch
starb, fasste er den Entschluss auszubrechen. Sein Ausstieg
aus dem alten Leben musste perfekt inszeniert sein. Nur sein
bester Freund Clint wusste von dem Plan. Er besuchte die
Bar, die er gut kannte, und nahm heimlich den Angestelltenausgang und schlich sich im Schutze der Nacht an Häuser-
fassaden in Richtung seines Fluchtfahrzeuges. Penibel ach-
tete er darauf, auf keiner Kamera zu erscheinen.

Es gibt nicht wenige, die glauben, dass es exakt so gewesen ist. Ich persönlich halte das für unrealistisch. Brian war
glücklich, Stunden vor dem Verschwinden heiterte er seinen
traurigen Vater noch auf. Er ließ seine persönlichen Gegenstände zurück, rührte sein Bankkonto und all sein Geld nie
wieder an. Wohin soll er geflohen sein? Mit welchem Auto?
Mit welchem Geld? Und vor allem aus welchem Grund? Er
träumte davon, seine Alexis zu heiraten, wieso sollte er all
das wegwerfen? Und selbst wenn, wieso hätte er nicht einfach verschwinden können, wozu hätte er diese Riesenshow
mit der Bar inszenieren müssen? Wenn man ungesehen ein
neues Leben aufbauen möchte, dann schafft man das nicht,
indem man einen der mysteriösesten Vermisstenfälle der
USA selbst erschafft und das eigene Gesicht in jeder Nach-
richtensendung des Landes zu sehen ist.

THEORIE II

Brian hat die Bar nie verlassen. Ein Unbekannter, eventuell ein Arbeiter aus der Bar, tötete ihn auf der Toilette und seine Leiche wurde über den Ausgang für die Bediensteten entsorgt, außerhalb der Sichtweite der Kameras. Oder zerschnitt der Mörder ihn gar in Einzelteile, die er in Taschen an den Kameras vorbeitrug? Diese Theorie würde zwar die fehlenden Aufnahmen erklären, aber wieso sollte jemand Brian töten? Er hatte keine Feinde, keine Spielschulden und war allseits beliebt. Wer einen so perfekten Mord verübt, hätte diesen sicherlich von langer Hand geplant, mit einem exakten Plan der Kameras und wäre mit ziemlicher Wahrscheinlichkeit kein Ersttäter. War er ein Zufallsopfer? Diese Theorie klingt mir etwas zu spektakulär, ganz auszuschließen ist sie aber nicht. Vielleicht ist Brian wirklich etwas in der Bar zugestoßen, aber warum wurde seine Leiche dann nie gefunden? Die Polizei schloss nach den Ermittlungen mit hoher Wahrscheinlichkeit aus, dass Brian den Club über den Angestelltenausgang verließ. War es gar einer seiner engeren Freunde, der für seinen Tod verantwortlich ist? Wurde er in eine Falle gelockt?

THEORIE III

Brian schaffte es, wie auch immer, ungesehen den Laden zu verlassen. Er hatte so viel Alkohol intus, dass er Richtung

Fluss lief und betrunken hineinfiel. Ein Unfall. Es wäre eine weitaus weniger mysteriöse Erklärung, allerdings hakt sie an einigen Stellen. Der nächste Fluss namens Olentangy River war zu Fuß rund 35 Minuten entfernt, zudem suchten die Ermittler die Gewässer im späteren Verlauf der Ermittlungen intensiv ab, ohne etwas zu finden. Die Außenkameras aller umliegenden Geschäfte zeigten Brian ebenfalls nicht. Und wenn er zum Fluss gelaufen wäre, wieso auch immer, dann hätte ihn eine davon erwischt oder ein Augenzeuge ihn gesehen.

THEORIE IV

Er legte sich in der Bar mit den falschen Leuten an. Es ging vielleicht um Drogen oder Geld. Er wurde entweder in der Bar bereits nach Ladenschluss gekidnappt oder draußen vor dem Eingang in einen Wagen gezerrt. Männliche Entführungsopfer in diesem Alter sind extrem selten, und wenn, dann wäre er wohl auch ein Zufallsopfer gewesen. Die Theorie scheint, wie die meisten, nicht besonders schlüssig.

THEORIE V

Brian war in kriminelle Machenschaften verwickelt und musste sich absetzen. Auf der Toilette der Bar wechselte er seine Kleidung und setzte eine Kappe auf. Als er das Etablissement durch den kameraüberwachten Ausgang verließ, verhielt er sich so, dass die Kameras sein Gesicht nicht filmen konnten. Diese Theorie wurde von den Behörden entwickelt, doch die Angehörigen konnten niemanden auf den Aufnahmen erkennen, der auch nur ansatzweise wie Brian aussah oder sich wie er bewegte. Dennoch ist es nicht unmöglich: Brian könnte seinen Gang absichtlich verändert haben. Die falschen Klamotten hätte ein Komplize in die Bar schmuggeln und sie Brian zum Beispiel auf der Toilette übergeben können. Dort hätte er sich ungestört umziehen können.

MEIN FAZIT

Keine Theorie stellt mich auch nur annähernd zufrieden. Das Rätsel um Brian bleibt ungelöst.

Der Fall hat mich vor allem deshalb so emotional mitgenommen, weil es gefühlt jedem passieren könnte. Wir alle waren schon mal nachts in einer Bar, und jeder weiß, dass sich gerade in Großstadtbars so manche zwielichtige Gestalt herumtreibt. Auch die Sicherheitssysteme, die uns Schutz versprechen sollen, versagten in diesem Fall. Es macht einem Sorgen, wenn ein Mensch trotz unzähliger Augen und Kameras einfach spurlos verschwinden kann.

Außerdem ist mir Clints Rolle in der ganzen Geschichte nicht ganz klar. Wieso redete er angeblich schlecht über Brian? Wenn mein bester Freund verschwinden würde, wäre das sicher das Letzte, was ich machen würde. Und warum lehnte er im Gegensatz zu allen anderen Zeugen einen Lügendetektor-Test ab? Wieso schaltete er einen Anwalt ein, obwohl er überhaupt nicht verdächtigt wurde? Stimmt der Instinkt von Derek Shaffer, dass Clint irgendetwas verbirgt? Und wenn ja, was hält ihn davon ab, die Wahrheit ans Licht zu bringen? Es geht schließlich um das Leben seines besten Freundes.

Der ganze Fall ist ziemlich unlogisch. Mir ist nach wie vor nicht klar, wie in einer vollen Bar ein Mensch verschwinden kann. Da Brian auf keiner einzigen Überwachungskamera rund um die Ugly Tuna Bar zu sehen ist, gehe ich nicht davon aus, dass er die Bar lebend verließ. Als die Polizei mit Spürhunden den Laden stürmte, fanden sie nichts. Es war allerdings genug Zeit vergangen, Brian zu beseitigen, falls ihm wirklich etwas zugestoßen war.

Ich würde viel dafür geben, um mich an jenem Abend in diese Bar beamen zu können, um zu sehen, was dem armen Brian zustieß. Vielleicht könnte ich dann das sehen, was keine Kamera konnte.

4

DER TOTE IM FEINEN ZWIRN

An einem Strand im Süden Australiens stirbt ein Mann. Er wurde vergiftet. Ist der unbekannte Tote ein Spion?

Australien, auch Down Under genannt, ist für viele Menschen ein Traumreiseziel, an dem sie einmal im Leben gewesen sein wollen. Das Outback, die endlose Wildnis und im Kontrast die bevölkerten, urbanen Küsten haben auf viele einen unwiderstehlichen Reiz. Mittlerweile zieht es unzählige Abiturienten nach bestandenen Prüfungen für ein Jahr auf den fünften Kontinent, um sich mit sogenanntem »Work and Travel« die eigene Rundreise zu finanzieren. Einige meiner Freunde sind dem Ruf der Ferne gefolgt und schwärmen noch heute von der besten Zeit ihres Lebens.

Die dabei bevorzugten Ziele sind Sydney, Melbourne, Perth oder auch Adelaide, die größte Metropole im Süden. Strand, Meer, Partys und eine hippe Jugendszene hat die Hauptstadt des Bundesstaates South Australia zu bieten. Ein Paradies auf Erden.

In einem Stadtteil Adelaides liegt ein malerischer Strand namens Somerton Beach. Doch wer bei Google nach Bildern sucht, stößt nicht auf Fotos von gebräunten Surfern oder einer hübschen Promenade, sondern blickt in die Augen eines toten Mannes. An dem Strand der pulsierenden Metropole spielte sich vor vielen Jahren der wahrscheinlich brisanteste »Cold Case« ganz Australiens ab.

Es ist der 30. November 1948. Während das kalte Europa die Heizdecken rausholt, herrscht auf der Südhalbkugel bestes Sommerwetter. Es sind vor allem verliebte Pärchen, die sich an jenem Abend am Somerton Beach herumtreiben. Sie wollen den Sonnenuntergang am Meer genießen und den Alltag ausklingen lassen. Auch Loyd und seine Freundin beobachten das Naturspektakel. Während Loyd in Erinnerungen schwelgt, sticht ihm seine Freundin mit dem Ellenbogen in die Seite. »Schau mal, der Mann da vorne im Sand. Ist der tot?«

Es ist eine eher spaßig gemeinte Frage. Das Pärchen geht davon aus, dass der unbekannte Mann nur einen über den Durst getrunken hat und mitten am Strand eingeschlafen ist. Mit dem Kopf lehnt er gegen eine kleine Mauer, in der Hand hält er eine Zigarette. Es ist nicht zu erkennen, dass er sich bewegt. Wahrscheinlich ist er gerade erst weggedöst, vermutet das Paar. Aus Respekt wollen sie ihn nicht wecken.

Keine zehn Stunden später, um 6.30 Uhr, ist es wieder Loyd, der auf seinem Arbeitsweg am Strand vorbeiläuft und verwundert feststellt, dass der unbekannte Mann noch immer an exakt derselben Stelle lag wie am Abend zuvor. Diesmal aber fasst sich Loyd ein Herz und geht auf den Mann zu. Als dieser nicht auf seine Worte reagiert und im Sand liegen bleibt, fühlt er seinen Puls und erstarrt. Der Mann ist längst tot.

So ähnlich muss der Leichenfund stattgefunden haben, wenn man die alten Berichte liest. Loyd konnte nicht ahnen, dass er gerade eine der mysteriösesten Leichen der Welt gefunden hat.

Die Spurensicherung rückte unmittelbar nach Loyds Anruf an und sicherte den Tatort. Die Ermittler begannen, Zeugen zu befragen. Mehrere Leute wollten den Somerton-Mann am Tag zuvor in der Nähe des Strandes gesehen haben. Fast alle hatten ihn alleine gesehen, ein Zeuge jedoch schwor, ihn dabei gesehen zu haben, wie er einen anderen Mann auf den Schultern trug und mit ihm herumlief. Auch das nahm die Polizei zu Protokoll, eventuell basierte die Sichtung auf einer Verwechslung, denn die Spur wurde nie ernsthaft verfolgt. Keiner der Zeugen wusste allerdings, wer der Mann war, und keiner von ihnen hatte ihn jemals zuvor in Adelaide gesehen.

Er sah europäisch aus, war etwa 1,80 Meter groß. Die Forensiker schätzten ihn auf 42 bis 45 Jahre. Es fiel auf, dass sein Körper für sein Alter außergewöhnlich gut trainiert war. Seine Kleidung war hochwertig, allerdings war er mit einem weißen Hemd und einem braunen Pullover für die klimatischen Verhältnisse Südaustraliens viel zu warm angezogen. Die Thermometer hatten an diesem Tag die Dreißig-Grad-Marke durchbrochen, und selbst am Abend wurde es selten kälter als 22 Grad. Experten der Polizei stellten fest, dass die Kleidung des Unbekannten aus den USA stammte. Er musste sie entweder dort gekauft oder jemandem abgekauft haben, der in den Staaten gewesen war. Der Mann war äußerst gepflegt und musste finanziell zu den Besserverdienern zählen.

Bei der Obduktion rückten seine Füße in den Fokus, die eine optische Besonderheit aufwiesen: Die keilförmige Stellung der Zehen und die ausgeprägten Wadenmuskeln bestätigten die Vermutung, dass er extrem sportlich gewesen sein musste. Die Ermittler legten sich aber noch weiter fest. Entweder musste er ein begnadeter Tänzer oder lange Zeit in Uniformstiefeln gelaufen sein. Anders sei die Form seiner Zehen nicht zu erklären.

Der Todeszeitpunkt muss gegen zwei Uhr in der Nacht gewesen sein, somit hatte ihn das Pärchen am Vorabend noch lebend gesehen. Der Unbekannte war im Schlaf gestorben, doch die Leiche wies keine äußeren Verletzungen auf. Er hatte sich zum Todeszeitpunkt bester Gesundheit erfreut, und somit war eine natürliche Todesursache zwar nicht auszuschließen, aber auch nicht besonders wahrscheinlich. Obwohl führende Wissenschaftler der damaligen Zeit in Australien seinen Leichnam begutachteten, kamen sie zu keinem eindeutigen Entschluss. Sie waren sich zwar sicher, dass der Unbekannte vergiftet worden war, denn darauf deutete der Zustand seiner Organe hin, doch ein konkretes Gift konnten sie im Körper nicht nachweisen. Er musste ein paar Stunden vor dem Tod eine Pastete verzehrt haben, eine australische Spezialität, doch in ihr war das Gift nicht enthalten, das schlossen die Ermittler nach der Analyse des Pathologen aus. Später wurde vermutet, das Gift befand sich vielleicht in seinen Zigaretten, doch ob die Polizei diese damals darauf getestet hatte, ist unklar.

DER MANN OHNE IDENTITÄT

Die Polizei versuchte als Erstes, den Mann zu identifizieren. Wer war der unbekannte Tote? Er hatte keinen Ausweis bei sich, und das war sicherlich kein Zufall, denn es sah so aus, als hätte entweder er selbst oder sein Mörder versucht, seine Identität mit allen Mitteln zu verschleiern. Auch die Etiketten seiner Kleidung, die auf seine Heimat schließen lassen könnten, waren überall sorgsam entfernt worden. Anhand der Hersteller hätte man rekonstruieren können, wo die Klamotten ursprünglich herkamen und wo der unbekannte Mann sie gekauft haben könnte, vielleicht wollte man genau das verhindern. Warum tut ein normaler Bürger so etwas? Haben sie ihn schlicht und einfach gejuckt oder wollte er vermeiden, dass die Kleidung zurückverfolgt werden kann? Die Ermittler schickten Fotos des Toten nach Europa und in die USA, man verglich sie mit den vermissten Personen in der Datenbank, doch nirgendwo ergab sich ein Treffer. Und obwohl Zeitungen aus aller Welt das Gesicht des Mannes druckten, meldeten sich keine Angehörigen. Der Mann, so schien es, war ein Phantom.

Zwei Monate später wurde in einem Schließfach im Bahnhof von Adelaide ein dunkler Koffer gefunden, den man dem Somerton-Mann zuordnete. Das Gepäckstück war nicht gesichert und enthielt ähnliche Kleidung, von der ebenfalls sorgsam die Etiketten entfernt wurden. Einen Ausweis oder eine andere Identifizierungsmöglichkeit suchte die Polizei aber auch im Koffer vergeblich. Die Beamten landeten dennoch einen Treffer: Ein einziger Waschzettel wurde nicht entfernt. Darauf war ein Name gedruckt: T. Keane.

Tom Keane oder Tim Keane vielleicht? Die Polizei wähnte sich endlich auf einer heißen Spur und wurde doch schon bald auf den Boden der Tatsachen zurückgeholt. Niemand mit dem Namen T. Keane wurde in einem englischsprachigen Land vermisst. Einen verschollenen Matrosen konnte man aufgrund der abweichenden Optik schnell ausschließen.

Der Grund, warum dieses eine Etikett nicht entfernt wurde, war wohl ein pragmatischer: Es war das einzige, das man nicht entfernen konnte, ohne die Kleidung zu beschädigen. Die Ermittler gingen der Spur nach einer Weile nicht mehr nach. Sie waren sich sicher, dass der Somerton-Mann nicht auf den Namen T. Keane hörte.

Dank des Koffers im Bahnhof konnten die Beamten aber zumindest den Weg des Unbekannten nachverfolgen. Sie nehmen an, dass der Somerton-Mann mit einem Nachtzug aus Sydney oder Melbourne gekommen war und anschließend in einer öffentlichen Badeanstalt in Adelaide geduscht und sich rasiert hatte. Er gab seinen Koffer ab und fuhr mit dem Bus zu dem Strand, an dem er sterben sollte.

Die Ermittler bekamen zwar ständig neue Hinweise, doch keiner entpuppte sich als zielführend. So sollte ein vermisster Holzfäller der Tote sein, doch den weichen Händen des Unbekannten sah man an, dass er nie in seinem Leben Holz gefällt hatte.

Die Polizei gab sich nicht so schnell geschlagen und untersuchte ein weiteres Mal die Kleidung, die der Unbekannte am Strand getragen hatte – und, siehe da, dieses Mal entdeckten sie ein Detail, dass sie zuvor übersehen hatten. In seiner Hose war von innen eine weitere geheime Tasche eingenäht worden, in der sich ein kleines, eingerolltes Stück Papier befand. Darauf standen die Worte »TAMAM SHUD«. Sie stammen aus dem Persischen und bedeuten so viel wie »das Ende«.

Der Somerton-Mann musste das Stück aus einem Buch herausgerissen haben, doch nicht aus irgendeinem Buch. Es handelte sich um den populären Gedichtband »Rubaiyat« des persischen Lyrikers Omar Chayyām. Die australische

Polizei leitete die erste landesweite Fahndung ihrer Geschichte nach einem Buch ein. Wer hatte das passende Exemplar, bei dem ausgerechnet ein Stück der letzten Seite fehlte? Endlich hatten die Ermittler einmal Glück. Ein Arzt aus der Gegend meldete sich. Jemand hatte das Buch eine Nacht, bevor der Somerton-Mann starb, durch das offene Fenster seines parkenden Autos auf den Rücksitz geworfen. War es der Tote selbst? Wieso entsorgte er sein Buch, indem er es einem zufälligen Fremden ins Auto warf? Gott sei Dank hatte der Doktor diesen kuriosen Fund aufbewahrt, und so konnte das Buch direkt von der Polizei inspiziert werden. Tatsächlich fehlte genau der Teil im letzten Gedicht mit den Worten »Tamam Shud«. Die Ausgabe war eine extrem seltene neuseeländische Auflage des Buches.

Zunächst schien das Werk ein Volltreffer für die Behörden, denn es enthielt handschriftliche Notizen, die vermutlich vom Toten stammten. Doch statt weiterer Antworten warf das Buch nur noch weitere Fragen auf. So hatte der Somerton-Mann persönlich auf dem Einband des Buches einen kryptischen Code notiert. Er lautete:

W (oder M) RGOABABD
MLIAOI
W (oder M) TBIMPANETP
MLIABO AIAQC
I (oder V) TTMTSAMSTGAB

Die Polizei, der Geheimdienst und Experten im Dechiffrieren aus aller Welt versuchten sich an der Entschlüsselung. Erfolglos. Der Code war zu kurz, um eine Regelmäßigkeit erkennen zu lassen. Zudem konnte nicht ausgeschlossen werden, dass es sich um sinnloses Gekritzel handelte und man etwas zu entschlüsseln versuchte, das gar nicht existierte. Die verbreitetste Theorie ist jedoch, dass jeder Buchstabe der Anfangsbuchstabe eines Wortes ist, die wiederum aneinandergereiht einen Satz bildeten, den nur der Tote kannte. Eine Art Eselsbrücke.

Der zweite Fund in dem Gedichtband war einfacher zu verstehen. Es handelte sich um eine Telefonnummer. Manche Quellen sprechen sogar von zwei Nummern. Eine soll einer örtlichen Bank gehört haben, die andere und jetzt wird es spannend – führte zu Jessica Thomson. Jessica, genannt Jo, war eine Krankenschwester, die keine 400 Meter entfernt vom Tatort wohnte. Was wollte der Tote von ihr, wieso hatte er ihre Nummer notiert? Kannten sie sich? War sie gar involviert in den Fall?

Die Polizei verhörte Thomson, doch diese gab an, den Toten noch nie im Leben gesehen zu haben. Sie hätte keine Ahnung, was er von ihr gewollt hatte. Das Buch »Rubaiyat« kannte sie jedoch gut, sie habe eine Ausgabe davon einem amerikanischen Offizier geschenkt, als sie während des Zweiten Weltkrieges im Krankenhaus in Sydney gearbeitet hatte. Der Name des Offiziers war Alfred Boxall. Die Polizei konnte ihn zunächst nicht ausfindig machen, weswegen man davon ausging, es könnte sich vielleicht doch um den Toten handeln. Doch bevor sich der Verdacht erhärtete, tauchte Boxall auf und präsentierte seine vollständige, nicht zerrissene Ausgabe des persischen Lyrikbandes, den ihm die

Krankenschwester damals geschenkt hatte. Auch Boxall schwor, den Toten noch nie gesehen zu haben.

Im Fall von Jessica Thomson gab es im Nachhinein jedoch große Zweifel an ihrer Aussage, dass sie den Toten nicht kannte. Sie soll erschrocken gewesen sein, als sie auf der Polizeistation die Totenmaske sah. Den Leichnam hatte man vor ihrem Verhör schon abtransportiert, allerdings zeigten sie ihr die Nachbildung des Gesichts des Toten. Der verantwortliche Detektiv erinnerte sich noch genau an die ungläubigen Augen von Thomson, die laut seinen Angaben kurz davor war zusammenzubrechen.

Dass sich ein Normalsterblicher bei so einem Anblick erschreckt, scheint nicht ungewöhnlich. Thomson hatte allerdings als Krankenschwester im Zweiten Weltkrieg gedient und sicherlich weitaus schlimmere Szenen erlebt. Wieso also erschreckte sie sich beim Anblick des Gesichts des Somerton-Mannes so sehr, dass sie fast in Ohnmacht fiel? Sie stritt dennoch von Anfang an ab, den Mann jemals gesehen zu haben. In der australischen Bevölkerung wurde sie schnell verdächtigt, auch der amerikanische Offizier Boxall wurde zum Mittäter gemacht.

Thomson starb 2007 und nahm ihr Geheimnis mit ins Grab. Doch sogar ihre eigene Tochter geht davon aus, dass sie die Polizei im Somerton-Fall angelogen hat. In der TV-Sendung »60minutes« nahm ihre Tochter Kate Thomson 2013 zum ersten Mal Stellung und erzählte, dass sie der Meinung ist, ihre Mutter habe den Toten gekannt. Sie stellte sogar die Theorie auf, dass beide, ihre Mutter und der Fremde, Spione gewesen sein könnten. Ihre Mutter hätte fließend russisch gesprochen, allerdings niemandem verraten, wo sie das gelernt hatte. Zudem sei sie äußerst offen für die kommunistischen Ideen gewesen. Beweise dafür, dass sie für den russischen Geheimdienst gearbeitet hat, sind das natürlich nicht. Es könnten auch Zufälle sein.

In diesem Fall gibt es viele Hobbydetektive, die ihre eigenen Theorien entwickelt haben. Das Internet bietet eine große Bühne für angehende Sherlock Holmes'. Um auf jede der teils abenteuerlichen Theorien einzugehen, fehlt hier der Platz. Die wahrscheinlichste stammt von Derek Abbott. Der erfolgreichste Privatermittler in diesem Fall ist praktizierender Professor der Universität von Adelaide. Der Mann ist wie besessen von diesem mysteriösen Fall und opfert einen gewaltigen Teil seiner Freizeit für die Aufklärung, verfasst im Internet Blogeinträge und hält die Leute auf dem Laufenden.

Seine Theorie ist folgende: Zwei Jahre bevor der Somerton-Mann starb, bekam Jessica Thomson, die Krankenschwester, einen Sohn namens Robin. Der Professor ist der Meinung, dass der Vater nicht etwa ihr Ehemann, sondern der unbekannte Tote ist. Abbott verglich unzählige Fotos der beiden auf Zusammenhänge und wurde fündig. Der Somerton-Mann und Robin Thomson hatten beide eine spezielle Verformung des Ohres, an der nur ein Prozent der Menschheit leidet. Auch bei den Zähnen gibt es optische Ähnlichkeiten. Ein Zufall ist möglich, aber die Wahrscheinlichkeit, dass Abbotts Theorie stimmt, ist durchaus im Bereich des Möglichen.

Es gibt nur ein Problem: Robin Thomson starb 2009, zwei

Jahre nach seiner Mutter. Robins Tochter Rachel Egan ist noch am Leben und sie ist, was das enorme Interesse von Abbott erklärt, die Ehefrau des Professors. Wenn der Professor recht behält, dann ist seine eigene Frau niemand Geringere als die Enkeltochter des Somerton-Mannes. Die Community im Internet, die sich um diesen Fall gebildet hat, angeführt von Abbott, drängt auf einen DNA-Vergleich zwischen Rachel Egan und dem unbekannten Toten. Egan ist bereit dafür, doch die australische Regierung hat eine Exhumierung des Toten bisher immer wieder verweigert. Um die Totenruhe zu stören, bräuchte es mehr als einen Verdacht, so die Begründung.

Doch selbst wenn die Theorie stimmt, bliebe die Frage: Wer hat den Fremden umgebracht? Ihr Ehemann oder gar sie selbst? Dass eine gelernte Krankenschwester einen solchen nahezu perfekten Mord verübt hat, klingt weit hergeholt.

Die Vermutung von Thomsons Tochter, dass es sich bei dem Somerton-Mann um einen Spion handeln musste, teilte auch die australische Bevölkerung. Die landläufige Meinung war jedoch, dass er ein Doppelagent gewesen sein muss, den der Geheimdienst selbst getötet hat. Vielleicht die Amerikaner oder gar die Russen? Einige Fakten stützten die Theorie, dass er ein Spion war: der fehlende Ausweis, die sorgsam entfernten Etiketten, keine Angehörigen, die sich meldeten. Jeder Mensch hat eine Familie oder zumindest lose Bekannte, zumal dieser Mann kein Obdachloser von der Straße, sondern offenbar wohlhabend war. Gab es denn niemanden, der ihn vermisste?

Als Agent hat man kein Privatleben und eventuell auch keinen Kontakt zu seiner früheren Familie. Die sportliche Statur würde ebenso in das Bild des Spions passen wie der merkwürdige versteckte Code. Zudem hat womöglich nur der Geheimdienst die Mittel, einen Mann so zu vergiften, dass es später keiner nachweisen konnte. Falls es tatsächlich ein Mord war, dann war er perfekt geplant und durchgeführt. Noch so ein Indiz, das für einen ausländischen Geheimdienst spricht.

Doch warum töteten sie ihn überhaupt? War er wirklich ein Doppelagent oder versteckte sich in seinem geheimen Code eine Nachricht, die so brisant war, dass sie ihn das Leben kostete? Die Theorie halte ich für nicht abwegig, sie hat nur einen Schönheitsfehler. Was hat die Telefonnummer der Krankenschwester mit dem Agenten zu tun? War sie eine Kontaktfrau? Arbeitete sie auch für den Geheimdienst?

Bliebe noch die Suizid-Theorie. 1945, also drei Jahre vor dem Somerton-Fall, hatte man George Marshall aus Singapur tot in einem Park in Sydney gefunden. Er hatte sich, davon gingen die Ermittler aus, selbst das Leben genommen. Marshall hatte sich vergiftet. Neben seiner Leiche wurde ein Buch gefunden, und ihr ahnt sicherlich schon, welches es war: eine Ausgabe von »Rubaiyat«.

Hatte der Unbekannte vom Somerton Beach genau dasselbe vor? »Tamam Shud« bedeutete einfach nur »das Ende«. Hat er Suizid begangen, indem er sich vergiftete, um sein eigenes Ende zu besiegeln? Ich persönlich glaube nicht daran. Wieso sollte er ausgerechnet dort Selbstmord begehen?

Und wieso fand man dann keine weiteren Spuren des Giftes bei ihm? Wo besorgte er es? Und wieso verschleierte er seine eigene Identität?

MEIN FAZIT

Ich denke, dass der Somerton-Mann nicht zufällig in der Gegend war. Er wollte die Krankenschwester besuchen und vielleicht sogar sein eigenes Kind sehen. Ich kaufe ihr die Geschichte nicht ab, dass sie den Mann noch nie gesehen hat, wenn sogar ihre eigene Tochter dies für unglaubwürdig hält. Wieso sollte er ihre Telefonnummer notiert haben, wenn sie sich nicht gekannt haben sollen? Und weil sie die Bekanntschaft verleugnet, gibt es für mich vier Optionen. Entweder die beiden arbeiteten wirklich für den Geheimdienst, weshalb sie nichts sagen durfte. Zweitens: Sie selbst war in den Mordfall involviert, eventuell sogar die Täterin. Drittens: Sie kannte den Mann, hatte mit dem Mord allerdings nichts zu tun, wollte aber nicht in den Kreis der Verdächtigen geraten. Oder viertens: Sie sagt die Wahrheit und kannte ihn tatsächlich nicht.

Ich könnte mir vorstellen, dass eine Vermischung der Theorien zur Lösung führen könnte. Ich glaube, der Mann war zwar in der Gegend, um seine vermeintliche Affäre zu besuchen, aber getötet hat ihn der Geheimdienst. Im Zweiten Weltkrieg arbeitete Thomson im Krankenhaus, vielleicht haben sie sich dort kennengelernt. Vielleicht war er bei einer Spezialeinheit der Amerikaner. Es sind natürlich nur Spekulationen, aber aus einer möglichen Affäre könnte Robin entstanden sein.

Ich finde, die Wahrscheinlichkeit ist hoch, dass der Somerton-Mann ein Agent war. Keine Angehörigen, keine Vermisstenmeldung, ein heimtückischer Mord und alle Hinweise auf die Identität entfernt. Als der Spion seinen Sohn besuchen wollte, schlug der Geheimdienst – oder wer auch immer hinter dem feigen Anschlag steckte – zu und vergiftete ihn. Die Krankenschwester wollte ihre Familie nicht in den Fall hineinziehen und verleugnete den Mann, vielleicht auch aus der Angst, die Affäre würde auffliegen. Natürlich war sie geschockt, als sie ihren einstigen Geliebten tot auf der Wache sah, und fiel fast in Ohnmacht.

Diese Theorie halte ich für die wahrscheinlichste, auch wenn ich betonen will, dass es lediglich Spekulationen sind und es auch ganz anders gewesen sein kann. Klarheit könnte nur eine Exhumierung des Somerton-Mannes bringen, und ich hoffe, dass Professor Abbott diese noch erreichen wird, denn damit könnte er zumindest seine Theorie verifizieren oder eben ad acta legen. Solange das nicht geschieht, wird der berüchtigte »TAMAM SHUD«-Fall, wie ihn die Australier nennen, weiterhin der mysteriöseste Cold Case des fünften Kontinents bleiben.

5

DIE GAR NICHT HEILE WELT

Auf einem einsamen Bauernhof werden sechs Menschen mit einer Spitzhacke erschlagen. Es ist der wohl schrecklichste ungelöste Familienmord Deutschlands.

Wir haben das Glück, in einem Land zu leben, in dem verhältnismäßig wenige Straftaten begangen werden. Natürlich kann auch unser Rechtssystem verbessert werden. Es ist noch weit von Perfektion entfernt, doch im Vergleich mit anderen Ländern stehen wir zugegebenermaßen doch recht ordentlich da. In Deutschland liegt die Mordaufklärung recht konstant bei etwa 95 Prozent. Von hundert Morden werden also lediglich fünf ungelöst zu den Akten gelegt. Das ist eine bemerkenswert gute Aufklärungsquote, wenn man sie beispielsweise mit den USA vergleicht, die bei katastrophalen 59 Prozent liegt. Fast jeder zweite Mörder kommt dort davon. Gerade in Großstädten wie Los Angeles oder Chicago, in denen ganze Viertel von Bandenkriegen geprägt sind, ist es oft unmöglich, den oder die Täter zu fassen.

Natürlich ist jeder einzelne Mörder, der den Fängen der Verbrechensbekämpfer entkommt, bereits einer zu viel und bedroht den Frieden unserer Gemeinschaft. Gewaltverbrechen sind für viele Menschen etwas Abstraktes, etwas nicht Greifbares, vor dem sie die Augen verschließen, bis sie es einmal am eigenen Leibe erleben. In vielen Gegenden auf dem Land verschließt man die Türen nachts nicht, weil hier doch noch nie irgendetwas passiert ist. Man kennt sich untereinander. Von Mördern und Verbrechern hört man in den Nachrichten, aber niemand hat Angst vor ihnen auf dem friedlichen Ländchen, wo der einzige Streit höchstens beim Kartenspielen in der Dorfkneipe stattfindet. Es ist eine alte Binsenweisheit, doch es gibt für alles ein erstes Mal – und kein Ort der Welt, egal wie schön oder heimelig er auch sein mag, bleibt auf ewig von den dunklen Abgründen der Menschheit verschont.

Der Einödhof Hinterkaifeck in Oberbayern erlangte im Jahr 1922 weltweite Bekanntheit, da sich dort der vielleicht schrecklichste ungelöste Familienmord Deutschlands ereignete. Hinterkaifeck, wie die Leute den Hof nannten, lag 500 Meter südwestlich des kleinen Dorfes Gröbern, das heute gerade mal 72 Einwohner zählt. Es liegt in Oberbayern, eine halbe Autostunde Richtung Norden befindet sich Ingolstadt, eine gute Stunde südlich die bayrische Landeshauptstadt München.

Wo früher ein stattlicher Bauernhof mit Wohnhaus, Stall und Scheune stand, ist heute eine karge Wiese. Nur noch ein Gedenkstein erinnert an das grausame Verbrechen, das vor fast hundert Jahren eine ganze Familie auslöschen sollte. »Gottloser Mörderhand fiel 1922 Familie Gruber von hier zum Opfer«, lautet die Inschrift der Gedenkstätte, die Spaziergängern beim Durchlesen auch heute noch einen Schauer über den Rücken laufen lässt.

Auf Hinterkaifeck lebte im Jahr 1922 das alte Bauern-Ehepaar Andreas und Cäzilia Gruber gemeinsam mit ihrer verwitweten Tochter Viktoria Gabriel und deren beiden Kindern. Die siebenjährige Cäzilia stammte aus der Ehe mit ihrem im Ersten Weltkrieg gefallenen Ehemann. Der zweijährige Sohn Josef wurde nach Kriegsende geboren. Wer sein Vater war, blieb jedoch unbekannt. Diese Tatsache sollte im späteren Verlauf noch eine Rolle spielen.

Der Tochter Viktoria hatten die alten Grubers den Hof bereits überschrieben, doch das eigentliche Sagen hatte immer noch Andreas Gruber als Familienoberhaupt. Die Sympathie für die Familie Gruber unter den Dörflern war nicht besonders groß, denn sie galten trotz ihres Rufs als reichste Familie des Ortes als sehr geizig und verschlossen.

Zum festen Hofpersonal zählte auch eine Magd namens Kreszenz R., die allerdings unmittelbar vor der Schicksalsnacht kündigte. Sie begründete ihren Weggang mit der »gespannten Atmosphäre« und ihrem Eindruck, dass es auf dem Hof »spuke«. Eine Eingebung, die ihr einen grausamen Tod ersparen sollte.

Der Eindruck, dass etwas im bayrischen Idyll nicht stimmte, hatte Andreas Gruber ebenfalls schon länger. Die seltsamen Vorkommnisse begannen Mitte März des Jahres 1922, als der wortkarge Bauer eine Münchner Zeitung in der unmittelbaren Nähe seines abgelegenen Hofes fand. Er stellte den Postboten zur Rede, doch dieser versicherte dem Bauern hoch und heilig, sie nicht verloren zu haben, da niemand in der Gegend diese Zeitung bestellt hatte.

Es wurde noch deutlich mysteriöser, als Gruber unbekannte Fußspuren im Schnee fand, die aus dem nahe liegenden Wald bis hin nach Hinterkaifeck führten – allerdings nicht wieder zurück. Ein Bewohner des Hofs konnte von ihm als Verursacher ausgeschlossen werden. Wenig später kam der Familie noch ein Haustürschlüssel abhanden, und das Vorhängeschloss, das die kleine Motorenhütte des Hofs schützte, hatte jemand gewaltsam aufgebrochen. Es wurde nichts gestohlen, doch die Familie bekam es mit der Angst zu

tun. In einer anderen Nacht wurde eine Kuh im Stall losgebunden, die darauf lautstark reagierte und die Bewohner
weckte. Irgendein Unbekannter trieb sich im unmittelbaren
Umfeld des Einödhofs herum und verbreitete Unheil. Die
Panik wurde weiter geschürt, als die Hinterkaifecker nachts
Schritte auf dem Dachboden zu hören glaubten. Als Bauer
Gruber den nächtlichen Eindringling überraschen wollte,
fand er den Dachboden leer vor. Die kleine Cäzilia erzählte
einer Klassenkameradin, dass sie einen Mann mit Schnauz-
bart gesehen habe, der aus dem Wald den Hof beobachtet
hätte.

Der sonst als Eigenbrötler geltende Andreas Gruber vertraute sich einigen der Dörfler an, die ihm allerdings auch
nicht weiterhelfen konnten. Man riet ihm, die Gendarmerie
aufzusuchen, doch der starrsinnige Gruber wollte keine
Hilfe der Polizei in Anspruch nehmen.

Als am Tag der Tat Cäzilia morgens im Unterricht einschlief,
wurde sie unsanft von ihrer Lehrerin geweckt und nach dem
Grund ihrer Müdigkeit gefragt. Die Siebenjährige erklärte,
dass es tags zuvor einen heftigen Streit auf Hinterkaifeck gegeben habe, weswegen ihre Mutter Viktoria Gabriel weinend
in den Wald gerannt sei und dort für Stunden blieb.

Die schöne Bauerstochter Viktoria war im Dorf deutlich beliebter als ihr grobschlächtiger Vater. Sie sang im Kir-
chenchor und wurde aufgrund ihrer feinen Stimme nur die
»Lerche« genannt. Zwei Wochen vor der Tatnacht hatte sie
700 Mark anonym als Spende auf dem Beichtstuhl hinterlassen. Der Beichtvater, der die finanziellen Verhältnisse seiner

Dorfgemeinde sehr gut kannte, war sich im Klaren, dass nur ein Mitglied der reichen Gruber-Familie einen solchen Betrag zu spenden imstande gewesen wäre. Er stellte Viktoria zur Rede, die ihm gegenüber zugab, das Geld für die Missionierung gespendet zu haben.

DIE TATNACHT

Die unglücklichste Person dieser Geschichte heißt definitiv Maria Baumgartner. Die junge Frau war von ihren Eltern aufs Land geschickt worden, um die neue Magd auf Hinterkaifeck zu werden. Ihr Antritts- und erster Arbeitstag war ausgerechnet der Tag, an dem die grausame Tat begangen werden sollte. Hätte sie einen Tag später begonnen, es hätte ihr Leben gerettet.

Maria galt als geistig etwas zurückgeblieben, weswegen ihre Schwester sie auch auf den Hof begleitet hatte. Diese war wohl die letzte außenstehende Person, die die Familie Gruber lebend sah. Wenige Stunden nachdem sie den Hof verlassen hatte und ihre kleine Schwester Maria als Magd zurückblieb, kehrte »der Teufel auf Hinterkaifeck ein«, wie die Dorfbewohner später sagten.

Das Tatgeschehen konnte von den Ermittlern nicht zweifelsfrei rekonstruiert werden. Der wahrscheinlichste Ablauf der Tat ist folgender: Der Täter, der schon Tage zuvor immer wieder um den Hof herumschlich, befand sich bereits auf Hinterkaifeck. Vermutlich übernachtete er die vorherige

Nacht in einem Versteck auf dem Heuboden, was die Fuß-spuren im Schnee erklären würde. Zuvor muss er im angren-zenden Wald gelauert und seine Opfer observiert haben. In der Tatnacht vom 31. März auf den 1. April 1922 kletterte der Unbekannte aus seinem Versteck in den Stall und band ein Vieh los, wie er es bereits Tage zuvor in einem Testlauf pro-biert hatte. Ziel war es, dass die Kuh so laut wurde, dass je-mand aus dem Herrenhaus in den Stall zum Nachsehen kam.

In der folgenschweren Nacht war die erste Person, die im Stall nach dem Rechten sehen wollte, mutmaßlich Viktoria Gabriel, die Witwe und Besitzerin des Hofes. Unvorbereitet betrat sie das Nebengebäude, in dem der Täter irgendwo heimtückisch im Schutz der Dunkelheit auf sie gewartet ha-ben musste. Der Mörder war mit einer spitzen Hacke bewaff-net, einer sogenannten Reuthaue. Normalerweise wird ein solches Werkzeug für die Rodung von kleinen Bäumen ge-nutzt. Der Killer hatte die Waffe nicht zum Töten mitge-bracht, sondern sie zufällig in der Scheune gefunden, denn sie gehörte zum Hofinventar von Bauer Gruber. Das Beson-dere an dieser Reuthaue war eine lange, hervorstehende Schraube an der Rückseite der Hacke, die Andreas Gruber vor einiger Zeit unfachmännisch anmontiert hatte. Das Kuriose war, dass der Täter anstatt mit der spitzen Seite vor allem mit der Rückseite und der Schraube zuschlug, wie spätere Ob-duktionsberichte zeigen würden.

Viktoria Gabriel überraschte er komplett ohne Gegen-wehr in der Dunkelheit. Die Witwe war die einzige Leiche mit Würgespuren am Hals, der Täter schien sie gewürgt zu ha-ben, bevor er ihr mit der Spitzhacke so lange auf den Kopf drosch, bis sie tot war. Das intensive Würgen war für die Ermittler ein Anzeichen dafür, dass der Mörder vor allem zu Viktoria eine emotionale Beziehung gehabt haben könnte.

Der Plan des Mörders war simpel, aber effektiv. Er wollte einen Bewohner des Hauses nach dem anderen in den Stall locken, um sie nacheinander einzeln auszuschalten. Im Herrenhaus konnte man die Schreie aus dem Stall nicht hören, wie spätere Tests ergaben. Die unruhigen und laut aufstampfenden Kühe jedoch hörte man im Gegensatz dazu sehr wohl im Haus. Dass eine Kuh wenige Tage vor der Tat losgebunden wurde, war nicht etwa ein Zufall. Es war der Test des Täters, wie lange es dauern würde, bis jemand in den Stall kommen würde.

Da die Schreie nicht durch die dicken Mauern drangen, waren die restlichen Bewohner also nicht vorgewarnt, was im Stall auf sie warten würde. Als Viktoria nach einiger Zeit nicht in das Hauptgebäude zurückkam, machte sich ihre Mutter, die alte Bauersfrau Cäzilia, als Nächste auf in Richtung des Stalls, um nachzuschauen, wo ihre Tochter denn so lange blieb. Sie lief geradewegs in ihren Tod. Für den teuflischen Mörder lief alles genau nach Plan.

Nachdem Bauer Gruber eine Zeit lang alleine in der Stube saß und seine Frau und Tochter nicht wiederkommen sah, folgte er ihnen in den Stall. Der alte Bauer besaß eine Schusswaffe, aber trotz der Vorkommnisse in den letzten Tagen und Wochen schien er nicht ausreichend Verdacht geschöpft zu haben, um sie mitzunehmen. Er wurde ebenfalls heimtückisch überrascht. Der kräftige Gruber, der sicherlich kein leichtes Opfer war, konnte sich ebenfalls nicht mehr wehren. An den Leichen wurden keinerlei Abwehrspuren festgestellt. Der Mörder musste sie jeweils im perfekten Moment erwischt haben, sodass ihnen keine Möglichkeit der Abwehr blieb.

Der Täter schien in einem regelrechten Blutrausch zu sein, denn jedes seiner Opfer hatte unzählige Wunden am Kopf. Viktoria hatte es am schlimmsten erwischt, ihr Gesicht war bis zur Unkenntlichkeit eingeschlagen. Ihre obere Schädeldecke zählte neun sternförmige Einschläge der Schraube. Wie ein Berserker musste er auf die Familie eingeschlagen haben.

Der unbekannte Teufel kannte keinerlei Skrupel. Als die siebenjährige Cäzilia als letzte Person in den Stall kam, um nachzuschauen, warum ihre Familie nicht wieder zum Abendbrot kam, fiel auch sie dem Sensenmann zum Opfer. Ein Kind zu töten, schien für ihn kein Problem zu sein. Die Obduktion würde ergeben, dass das Mädchen im Gegensatz zu den anderen Familienmitgliedern keinen schnellen Tod hatte, sie riss sich zwei Stunden lang Haarbüschel in ihrem Todeskampf vom Kopf, ehe sie den starken Blutungen erlag. Es ist eine grausame Vorstellung, dass Cäzilia nach den heftigen Schlägen gegen ihren Kopf solche Schmerzen hatte, dass sie sich im Glauben, diese zu stoppen, die eigenen Haare vom Kopf riss.

Der Täter schlich sich nun ins Herrenhaus und erledigte die völlig überraschte Magd Maria, die gerade dabei war, ihr Zimmer einzurichten. Er schlug ihr ebenfalls den Kopf ein. Um seine Grausamkeit noch einmal zu toppen, machte er auch nicht vor dem Jüngsten der Familie, dem zweijährigen Josef, halt. Der von den Dörflern als »Abgesandter des Teufels« Bezeichnete schlug selbst dem kleinen, schlafenden Jungen den Schädel mit der Reuthaue ein. Es gab keinen logischen Grund, ihn auch noch zu töten. Der Junge hätte ihn niemals wiedererkannt, da er in Ruhe schlief. Heutige Profiler gehen davon aus, dass der Täter in seinem Blutrausch einfach jedes Leben auf dem Hof auslöschen wollte.

Als wäre die Tat nicht schon gruselig genug, verließ der Mörder seinen Tatort nicht. Er harrte noch einige Tage auf Hinterkaifeck aus, deckte die Leichen zu und legte ausgehängte Türen oder Decken über die Toten. Den kleinen Josef verhüllte er mit dem Rock seiner Mutter. Fallanalytiker sehen hier ein emotionales Motiv, der Täter wollte nicht ständig vor Augen geführt bekommen, was er getan hatte, er verdeckte die Opfer, um sie nicht sehen zu müssen.

Am nächsten Tag fiel auf, dass Cäzilia in der Schule fehlte, doch ihre Lehrer vermuteten, dass sie krank sei. Mittags besuchten zwei Kaffeevertreter den Hof, doch als niemand auf das Klopfen reagierte, verließen sie Hinterkaifeck wieder. Am späten Abend passierte der Zimmermann Michael das Anwesen. Als er vorbeilief, blendete ihn ein Unbekannter mit einer Taschenlampe, vermutlich der Täter. Der Zimmermann dachte, das sei der mürrische Bauer Gruber, und lief weiter. Er erinnerte sich aber noch daran, dass das Feuer im Backofen brannte.

Welcher Mörder ist so dreist, das Vieh in aller Ruhe zu versorgen und sich Essen bei den Grubers zu machen? In einem Haus, in dem sechs grausam entstellte Leichen herumliegen.

Vier Tage nach der Tat besuchte der Monteur Albert Hofner die Einöde. Bauer Gruber hatte ihn vor zwei Wochen bestellt, um einen Motor zu reparieren. Verwundert stellte Hofner fest, dass offenbar niemand zu Hause war. Er wartete eine Stunde lang vergeblich darauf, dass die Familie zurückkommt. Als die Grubers nicht auftauchten, verschaffte er sich gewaltsam Zugang zur Motorenhütte, da er nicht unverrichteter Dinge den weiten Rückweg antreten wollte. Vier Stunden lang reparierte er laut pfeifend den Motor. Als er fertig war, bemerkte er, dass nun die Scheunentür sperrangelweit offen stand. Hofner verließ verwundert den Hof, ohne in der Scheune nachgeschaut zu haben.

Als er in Gröbern auf den Ortsvorsteher Lorenz Schlittenbauer traf, berichtete Hofner ihm von den mysteriösen Vorkommnissen. Schlittenbauer schickte seine beiden Söhne nach Hinterkaifeck, um nach dem Rechten zu schauen. Als die zwei Jugendlichen wiederkamen und berichteten, dass noch immer niemand auf ein Klopfen reagierte, ergriff der Ortsführer die Initiative.

Zusammen mit seinen Nachbarn Pöll und Sigl stürmte er den Hof, seine beiden Söhne warteten draußen. In der Scheune stießen sie auf die ersten vier Leichen und später im Haupthaus auf die tote Magd und den Jungen. Der Mörder war mittlerweile nicht mehr im Haus. Sie informierten umgehend die Gendarmerie, das Unglück sprach sich in Windeseile im Dorf herum. Zahlreiche Schaulustige stürmten den Hof, um sich selbst ein Bild der grausamen Morde zu machen. Die Polizisten hatten große Mühe, die Dörfler vom Tatort wegzuhalten und den Ort abzusperren.

Am nächsten Tag traf die Mordkommission aus München ein. Es waren sechs Beamte, inklusive zwei Hundeführer. Georg Reingruber, ein eigentlich gewissenhafter Chefermittler, war durch unzählige politische Morde der rechten Szene in Bayern zu dieser Zeit allerdings überlastet.

Die Spurensicherung und die Ermittler blieben nur wenige Stunden am Tatort. Sie machten einen folgenschweren Fehler: Sie legten sich direkt auf ein Motiv fest: Raubmord. Sie sicherten nur halbherzig die Spuren und fertigten gerade mal fünf Fotos des Tatorts an, obwohl sechs Leichen existierten. Die damaligen Ermittler lieferten eine unterirdische Leistung ab.

Raubmord scheidet nach heutigem Gesichtspunkt nahezu aus, es fehlte zwar ein wenig Geld in der Familienkasse, den überwiegenden Teil der üppigen Rücklagen im Haus hatte der Mörder allerdings nicht angerührt. Jemand, der sechs Menschen aus Habgier tötet, würde niemals einen Großteil der Beute zurücklassen.

Der Gerichtsmediziner baute noch auf dem Hof einen behelfsmäßigen Seziertisch auf und schnitt die Köpfe der Leichen ab, um sie in die Pathologie nach München zu schicken.

Die Toten wurden ohne ihre Köpfe beerdigt, 3000 Bewohner der umliegenden Dörfer und Städte zeigten sich solidarisch und erschienen zur Beerdigung. Der Täter von Hinterkaifeck zog eine Schneise der Furcht durch das Leben der Landleute. Bewaffnete Bauern durchkämmten die Wälder und patrouillierten auf der Straße, doch der Mörder schlug nie wieder zu.

Ein weiteres Merkmal für das absolute Versagen der Polizei ist, dass man die Reuthaue erst ein Jahr später fand, als der Hinterkaifeck-Hof abgerissen wurde. Man fand die mit längst getrocknetem Blut verklebte Reuthaue in einem Versteck auf dem Heuboden.

Noch im Jahr der Morde wurde ein Sterbebild der Familie Gruber, das man erst in den 1970er-Jahren beim Abriss der St.-Vitus-Kirche in Hagelstadt wiederfand, von einem Anonymen mit folgenden Worten versehen: »neidisch, wucherisch, in ganzer Umgegend verachtet, wegen Sittlichkeit 1 Jahr, Blutschande, Strafe Gottes«. Wer würde solche bösartigen Worte unter das Sterbebild einer grausam ermordeten Familie schreiben? Wer würde das Abschlachten von Kindern als »Strafe Gottes« lobpreisen?

Die reiche Familie Gruber hatte in der streng katholischen Dorfgemeinschaft viele Feinde, denn es war ein offenes Geheimnis, dass der alte Bauer Andreas Gruber sich regelmäßig an seiner Tochter Viktoria verging. 1915 hatte man Gruber und seine Tochter zu jeweils einem Jahr Zuchthaus verurteilt für die inzestuöse Beziehung. Nach heutiger Rechtsvorstellung ist es unfassbar, dass man die Tochter für die widerlichen Vergehen ihres Vaters bestrafte.

WER IST DER VATER VON JOSEF?

Bevor ich die Tatverdächtigen auflisten will, gibt es noch eine entscheidende Frage zu klären. Wer war der Vater des kleinen Josef? Der Ehemann von Viktoria Gabriel war kurz vor der Geburt der gemeinsamen Tochter Cäzilia im Ersten Weltkrieg gefallen. Für die Vaterschaft von Josef kamen vor allem zwei Männer infrage. Der anerkannte Vater war Lorenz Schlittenbauer, der Ortsvorsteher. Er hatte nach eigenen Angaben fünf Mal mit der hübschen Jungbäuerin intim verkehrt, und aus dieser Affäre soll der Junge stammen. Viele Dörfler gingen jedoch davon aus, dass Andreas Gruber der Vater von Josef ist und das Kind aus dem Inzest entstand. Zwischenzeitlich zeigte in diesem Streit Schlittenbauer den Altbauern Gruber wegen Blutschande erneut an, ließ die Anklage aber später fallen und bekannte sich zur Vaterschaft.

Der erste untersuchte Hauptverdächtige war Karl Gabriel, der Vater von Cäzilia und Ehemann von Viktoria. Aber wie ihr euch sicher erinnert, soll er im Ersten Weltkrieg an der Westfront im Kampf gegen die Franzosen gefallen sein. Wie kann er also als Täter infrage kommen? Es wurde ernsthaft die Theorie verfolgt, dass Karl Gabriel seinen Tod nur vorgetäuscht und die falsche Identität eines Kameraden in den Wirren des Krieges angenommen habe. Als er zurück nach Hinterkaifeck kam und sah, dass seine Frau ein weiteres Kind hatte, zudem noch das Produkt einer inzestuösen Beziehung, metzelte er aus Rache die gesamte Familie nieder.

Die Theorie scheint unrealistisch. Er hätte wohl kaum seine eigene Tochter grausam erschlagen. Zudem galt der Tod im Schützengraben von Kindheitsfreunden, die mit ihm im selben Regiment dienten, als glaubhaft bestätigt. Andere Zeugen wollen ihn in den 1950er-Jahren in Russland wiedererkannt haben, wo er angeblich als Kommissar arbeitete. Die Polizei suchte nach ihm, aber fand nichts.

Der zweite Verdächtige war Lorenz Schlittenbauer. Der Ortsvorsteher galt als etwas sonderbarer, aber stets hilfsbereiter Mann. Er hatte, wie bereits erwähnt, eine intime Beziehung mit Viktoria, die allerdings Andreas Gruber, der Altbauer, nicht akzeptieren wollte. Nachdem Karl Gabriel, der Ehemann von Viktoria, im Krieg gefallen war, hatte Gruber vollmundig betont, dass er nun der einzige Mann im Leben der Witwe bleiben werde. Die Feindschaft zwischen Gruber und Schlittenbauer war offensichtlich. Hatte der Ortsführer herausgefunden, dass Andreas Gruber der wahre Vater von seinem Josef war? War dies das Mordmotiv? War er so rachsüchtig auf die gesamte Familie, dass er im Rausch die Grubers abschlachtete? Tatsächlich galt er in der Bevölkerung als Hauptverdächtiger und wurde von der Polizei auch mehrmals verhört. Sein Verhalten beim Auffinden der Leichen war äußerst sonderbar. Während Pöll und Sigl geschockt von der Grausamkeit aus dem Stall rückwärts heraustorkelten, schien Schlittenbauer eher fasziniert, schaute sich die Toten ganz genau an und ging direkt weiter ins Haupthaus, wo er die restlichen Leichen entdeckte. Verstörend sind die Aussagen seiner beiden Begleiter, die beobachtet haben wollen,

wie Schlittenbauer die Haustür mit einem Schlüssel auf-
schloss. Er selber betonte, der Schlüssel habe bereits ge-
steckt, doch wir erinnern uns, dass kurz vor dem Vorfall die
Familie Gruber einen Hausschlüssel vermisste.

Vorher auf dem Weg nach Hinterkaifeck soll er zudem
noch gewitzelt haben, dass die Bewohner sich entweder alle
aufgehängt hätten oder erschlagen worden waren. Später am
Stammtisch im Dorf soll er betrunken vom Täter in der Ich-
Perspektive gesprochen haben. Auch wenn die Polizei keinerlei belastende Beweise aufzeigen konnte, befanden ihn
die meisten Dörfler für schuldig. Schlittenbauer strengte
sogar mehrere Zivilklagen an, um gegen Menschen, die ihn
als den »Mörder von Hinterkaifeck« betitelten, vorzugehen.
Er gewann die Verfahren und ein Dörfler musste ihm sogar
vierzig Mark Entschädigung zahlen.

Er scheint ein Motiv zu haben, doch es gibt ein starkes Argument gegen seine Täterschaft. Schlittenbauer war starker
Asthmatiker und hätte allein körperlich wohl kaum die Vor-
aussetzung gehabt, so viele Menschen so schnell und häufig
mit einer schweren Spitzhacke zu schlagen.

Und da war noch Joseph Bärtl. Der geisteskranke Bäcker war
1921 aus einer Heilanstalt geflohen. Er galt als gefährlich und
wurde nie wieder von der Gendarmerie aufgegriffen. Bärtl
stammte aus der Region um Hinterkaifeck. Der Mord wird
ihm von der Grausamkeit her zugetraut, jedoch hätte er wohl
kaum das viele Geld zurückgelassen auf seiner Flucht.

Zum Schluss wurden auch noch diverse Hilfsarbeiter ins Visier genommen, die bei der Kartoffelernte geholfen und angeblich einen großen Hass auf die Grubers hatten. So verdächtigte zum Beispiel die ehemalige Magd Kreszenz, die kurz vor dem Vorfall gekündigt hatte, wahlweise die Gebrüder Bichler oder Thaler, die Morde begangen zu haben, da diese die Räumlichkeiten genau kannten und sich ihr gegenüber negativ über Hinterkaifecker geäußert hatten.

Eine vor allem im Internet sehr beliebte Theorie ist ein sogenannter Fememord. In der damaligen Zeit verübten rechte Kreise aufsehenerregende Morde an Menschen, die sie als Verräter ansahen. Nach dem Ersten Weltkrieg nutzten nationalistische Bewegungen vor allem in Bayern abgelegene Höfe oder Gebäude, um Waffen vor den Alliierten zu verstecken. Hatte der Altbauer Andreas Gruber, der gemeinhin als gierig galt, mit einer rechtsextremen Gruppe einen Deal gemacht und ließ auf seinem Hof Waffen im großen Stil lagern und kassierte dafür Geld? Der abgelegene Hof mit seinen zurückgezogenen Bewohnern wäre ein hervorragendes Versteck gewesen.

Zudem besaß Gruber nachweislich Schusswaffen. Die rechtsextremen Organisationen waren dafür bekannt, dass sie Aufmüpfige grausam hinrichteten. Hatten die Grubers es sich verscherzt mit ihren Verbündeten? Waren die Morde eine Sühneaktion? Blieb der Täter so lange im Haus, weil es länger dauerte, die zahlreichen versteckten Waffen abzutransportieren? Denn die Polizei fand keine mehr auf dem Anwesen.

Die Theorie macht Sinn, da ähnliche Höfe für solche Lagerungen benutzt wurden. So könnte man auch die gefundene Münchner Tageszeitung und die Waldbeobachtungen erklären, ich glaube aber dennoch nicht daran. Es gab immer wieder saisonale Hilfskräfte auf dem Hof, die auch frei herumliefen. Die Wahrscheinlichkeit, dass einer auf die Waffen stoßen könnte, wäre viel zu hoch.

MEIN FAZIT

Ich persönlich glaube weder an einen Raubmord noch an ein verstecktes Waffenlager. In meinen Augen deutet der Tathergang eindeutig auf ein persönliches Motiv hin. Das Würgen von Viktoria, das bestialische Abschlachten und systematische Auslöschen einer ganzen Familie ist für mich ein Indikator, dass jemand ein Problem mit den Grubers hatte. Wäre der Täter ein Killer, der aus reiner Tötungslust mordete, hätte er die Leichen wohl kaum zugedeckt, um sie nicht sehen zu müssen.

Auch wäre er wohl kaum noch ein paar Tage im Haus geblieben und hätte das Vieh versorgt. Er hätte das Geld genommen und wäre geflohen. Der Täter kannte die Grubers gut, da bin ich mir sicher. Die Frage ist, ob er von Anfang an töten wollte. Dafür spricht der Locktest mit der Kuh, den er einige Tage vor der Tat erprobte. Dagegen spricht, dass er eine Mordwaffe nahm, die er wohl zufällig in der Scheune fand. Das könnte auf einen spontanen Entschluss hindeuten.

Es sei denn, er kannte sich so gut aus bei den Grubers,

dass er schon vorher wusste, wo er die Spitzhacke finden könnte, um sie als Mordwaffe im Vorfeld einzuplanen. Da das Geld zum Großteil nicht angerührt wurde, scheint das größte Motiv wirklich der kleine Josef zu sein. Das Kind, womöglich aus der Beziehung von Vater zu Tochter, könnte der X-Faktor in dieser Geschichte sein. Schlittenbauer ist der Hauptverdächtige, weil er das stärkste Motiv und das merkwürdigste Verhalten an den Tag legte. Andererseits ist sein körperlicher Zustand ein gutes Gegenargument.

Vielleicht war es aber auch jemand anderes aus dem Dorf, den man nicht genau genug überprüft hat. Der vielleicht auch eine Affäre mit Viktoria hatte. Die Polizei versäumte es, einige Zeugen zu befragen, wie zum Beispiel den Monteur, den sie erst Jahre später verhörten. Sie überprüften auch nicht den Hintergrund der neuen Magd. Dass sie der Grund für das Verbrechen ist, ist zwar unwahrscheinlich. Da die Morde kurz nach ihrem Eintreffen passierten, hätte man zumindest die Möglichkeit in Betracht ziehen können, dass sie ein mögliches Motiv ist.

Die heutigen Aufklärungsraten bei Kapitalverbrechen kommen nicht von ungefähr. So ein dilettantisches Verhalten der Polizei wie in dieser Geschichte würde es im 21. Jahrhundert nicht mehr geben. Wäre der Hinterkaifeck-Mord in der heutigen Zeit passiert, hätte man den Täter sicher bereits gefunden. Im ländlichen Oberbayern reden die Leute heute noch nicht gerne über den grausamen Vorfall. Der Fall erinnert die Bewohner daran, dass selbst auf ihrem friedlichen Land der Teufel jederzeit in der Dunkelheit einkehren kann – wie einst auf Hinterkaifeck.

6
MORD IM MONDLICHT

Ein sadistischer Serientäter mit Maske treibt in einer Kleinstadt bei Texas sein Unwesen. Seine Opfer: verliebte Paare.

Menschen lieben es, sich zu verkleiden. Man will dem Alltag entfliehen und einfach mal jemand anderes sein. An Karneval sieht man auf den Straßen die unglaublichsten Verwandlungen. Aus der langweiligen Sekretärin wird die umwerfende Prinzessin, aus dem Nerd mit Brille ein stolzer Soldat. Das Geschäft mit Masken und Verkleidungen boomt jedes Jahr aufs Neue.

Masken werden von professionellen Einbrechern oder Straftätern eher als Schutz der eigenen Identität benutzt denn als Vergnügen. Sie schränken zwar die Sicht ein und verkleinern das Blickfeld, doch sie sind notwendig, um Zeugenbeschreibungen oder Aufnahmen von Überwachungskameras unbrauchbar zu machen. Von einfachen Strumpfhosen, die Kriminelle über den Kopf streifen, bis hin zu Clownsmasken hat man schon alles bei Kriminellen gesehen. Der Täter in diesem Kapitel trug eine schlichte weiße Maske, in die er nur ein paar Löcher für den Mund und die Augen geschnitten hatte. Er sah aus wie ein Gespenst.

Texarkana ist eine kleine Stadt im Norden von Texas, die auf der Grenze zum US-Bundestaat Arkansas liegt und damit in beiden Staaten. Ihr erratet es sicher schon: Man hatte die beiden Staaten Texas und Arkansas in dem Ortsnamen gemischt und so entstand Texarkana. Die Kleinstadt ist unscheinbar, eine graue Maus im modernen Städteranking. Die Bevölkerung verdient deutlich unter dem amerikanischen Durchschnittslohn und viele Sehenswürdigkeiten hat die Gemeinde auch nicht zu bieten. Im Jahre 1946 allerdings gelangte die kleine Stadt zu internationaler Aufmerksamkeit, als ein unbekannter Serienmörder die einst ruhige Stadt an den Rand der Selbstjustiz brachte.

Es war der 22. Februar 1946, als alles begann. Jimmy Hollis, 25 Jahre alt, und Mary Jeanne Larey, 19, waren um kurz vor Mitternacht mit Jimmys Wagen in die Nähe der Richmond Road gefahren. Sie parkten an einem Punkt, den man in Amerika als sogenannte »Lovers' Lane« bezeichnet. Dabei handelt es sich um einen meist etwas abgelegenen Platz mit einer tollen Aussicht, wo verliebte Pärchen parken, rumknutschen und die Nächte genießen können. Der Ort nahe der Richmond Road war an jenem Abend verlassen, keine Menschenseele weit und breit zu sehen. Jimmy und Mary wollten auch niemanden sehen in dieser Vollmondnacht, sie hatten nur Augen für sich.

Doch wie aus dem Nichts blendete der grelle Strahl einer Taschenlampe durch das Fenster der Fahrertür. Wer um Himmels willen leuchtete einem verliebten Pärchen nachts ins Gesicht? Sie waren sich nicht sicher, ob es sich um einen Streich handelte. Wollte sie einfach irgendwer ärgern? »Du verwechselst mich«, schrie Jimmy den Unbekannten an, immer noch in der Erwartung, er wäre das falsche Opfer eines schlechten Scherzes, doch als der Mann die Taschenlampe senkte, sah er kein Gesicht, sondern die gruselige Fratze einer weißen Maske und eine Pistole, die geradewegs auf ihn zielte.

Das Phantom, so wurde der Killer später von den Medien getauft, forderte das Pärchen auf auszusteigen. Er bedrohte sie mit einer Pistole. Sie sollten sich ausziehen und ihre Taschen leeren. Jimmy und Mary glaubten an einen Raubüberfall und kooperierten mit dem Maskierten. Sie dachten, wenn sie sich problemlos fügten, würde ihnen nichts passieren. Während Jimmy seine Hose auszog, schlug der Unbekannte ihm mit einem schweren Gegenstand gegen den Kopf. Der Versicherungsangestellte Jimmy brach bewusstlos zusammen. Doch anstatt von ihm abzulassen, schlug das Phantom noch einige weitere Male auf ihn ein. Das Geräusch der brechenden Knochen wird Mary den Rest ihres Lebens nicht mehr vergessen. »Er hat kaum Geld!«, schrie die junge Frau, die nach wie vor an einen Überfall glaubte. Das Phantom brüllte zurück, sie solle weglaufen, die Straße hoch. Mary hatte Angst um ihr Leben und sprintete, so schnell es ihre High Heels zuließen, in Richtung Straße. Doch der Killer, der ihr noch eben empfohlen hatte zu fliehen, schien es sich anders überlegt zu haben und nahm urplötzlich die Verfolgung auf. Es dauerte nicht lange, da hatte er Mary, die in ihren hochhackigen Schuhen nicht die besten Voraussetzungen für ein Sprintduell mitbrachte, eingeholt und überwältigt. »Warum bist du geflohen?«, fragte er. Die verängstigte Jugendliche antwortete, dass er ihr das doch genau so befohlen habe. Das Phantom wurde wütend und nannte sie eine Lügnerin, dann missbrauchte er sie auf eine unfassbar erniedrigende Weise, die ich hier nicht im Detail beschreiben möchte. Kurz gesagt, es war sadistisch und grausam.

Währenddessen erwachte Jimmy aus seiner Ohnmacht und schleppte sich auf allen vieren Richtung Straße, wo er mit letzter Kraft ein vorbeifahrendes Auto anhalten wollte. Der Maskenmann bemerkte das und ließ für einen Moment von Mary ab. Geistesgegenwärtig nutzte sie die kurze Unaufmerksamkeit ihres Peinigers für einen Fluchtversuch und rannte zur Straße. Mary war in Panik und glaubte, verfolgt zu werden. Sie machte sich umsonst Sorgen, denn da das Auto, das Jimmy herbeigewinkt hatte, anhielt, bekam das Phantom kalte Füße und verschwand seinerseits flüchtend in der Dunkelheit.

Mary bekam den Vorgang nicht mehr mit, sie hatte sich längst im Sprinttempo vom Tatort entfernt und wurde noch panischer, als das erste Auto, das sie eine Straße weiter wild nach Hilfe anschrie, eiskalt ohne anzuhalten weiterfuhr. Erst nach einer halben Meile beim ersten Wohnhaus half man ihr und informierte die Polizei. Das Paar musste ins Krankenhaus, Jimmy hatte überlebt, aber Knochenbrüche und oberflächliche Verletzungen davongetragen. Die Beschreibungen des Täters waren unterschiedlich. Während Jimmy den Mann als dunkleren, aber weißen Mann beschrieb, schwor Mary darauf, ihr Peiniger sei ein Afroamerikaner mit hellerer Haut gewesen. Die Polizei nahm den Vorfall zwar auf, aber ließ eine gewisse Weitsicht vermissen. Mary sagte der Polizei, dass sie sich sicher sei, dass dieser Verrückte die nächste Person, die er erwischen werde, definitiv töten wird. Sie sollte recht behalten.

DAS BEUTESCHEMA

Richard L. Griffin und Polly Ann Moor waren das nächste Liebespärchen, auf das es das Phantom abgesehen hatte. Der 29-Jährige war mit seiner 17-jährigen Freundin seit sechs

Wochen zusammen. Sie waren frisch verliebt. In der Nacht des 24. März 1946, also etwas mehr als einen Monat nach dem ersten Vorfall, wurden die beiden kaltblütig ermordet. Ein Motorradfahrer hatte das Paar am nächsten Morgen in Richards parkendem Auto nahe der Rich Road entdeckt, einem weiteren Spot für liebende Pärchen. Zunächst dachte er, die beiden würden nur schlafen, doch bei genauerem Betrachten fiel ihm das Blut auf. Sofort rief er die Polizei. Das Phantom hatte Richard Griffin mit zwei Schüssen getötet, einer davon traf seinen Hinterkopf. Dies könnte auf eine Exekution hindeuten, oder dass Richard versucht hatte wegzulaufen und der Killer ihn bei einem Fluchtversuch erschoss. Sie waren beide angezogen und hatten ihre Wertsachen noch bei sich. Polly Moor wurde ebenfalls im Auto aufgefunden, doch die Ermittler fanden heraus, dass der Killer sie draußen auf einer Decke vor dem Auto getötet und dann wieder im Inneren des Wagens platziert hatte. Obwohl lokale Gerüchte die Runde machten, dass Polly sexuell missbraucht worden war, konnte die Obduktion die Vorwürfe nicht bestätigen.

Die Sheriffs versprachen sich von diesen Erkenntnissen erste Hinweise auf das Vorgehen des Mörders. Man versuchte, ein Muster zu finden. Der Maskierte schien es auf Pärchen abgesehen zu haben, die Tatorte waren abgelegene Orte, an denen sich Verliebte zu nächtlichen Zeiten herumtrieben. Da der Mord wieder in einer Vollmondnacht geschehen war, tauften die Zeitungen das Phantom den Mondlicht-Mörder. In meinen Augen war dies eigentlich ein viel zu romantischer Name für einen so kaltblütigen, perversen Killer.

Die Bevölkerung von Texarkana nahm den Vorfall sehr ernst, erste Bürger litten nach diesem Vorfall an Panikattacken. Es wurden wilde Gerüchte verbreitet, wer der Täter war. Zwischenzeitlich hieß es, die Polizei hätte ihn angeblich längst geschnappt, der Sohn eines Politikers wurde von den Einwohnern verdächtigt. Die Polizei dementierte all diese Gerüchte und forderte die Bevölkerung auf, Ruhe zu bewahren, denn das ständige Streuen von falschen Informationen sei eine Behinderung der Polizeiarbeit, die mit Hochdruck daran arbeitete, den richtigen Mörder zu präsentieren.

Paul Martin, 16, und Betty Jo Booker, 15, waren die nächsten Opfer des Phantoms mit der weißen Maske. Der Unbekannte hatte die beiden Teenager in der Nähe des Spring Lake Parks am 13. April 1946 erschossen. Paul und Betty waren Freunde aus Kindheitstagen, die schon im Kindergarten miteinander gespielt hatten. Sie hatten sich zwischendurch aus den Augen verloren, weil Paul weggezogen war. Als ihr alter Kumpel aber Jahre später anrief und mit Betty ausgehen wollte, konnte sie natürlich nicht ablehnen. Freundinnen sagen, sie hatte eigentlich keine Lust, aber wollte ihrem Kindheitsfreund den Gefallen nicht ausschlagen und sagte aus Höflichkeit zu.

Paul holte sie in seinem Ford von ihrer Bandprobe ab, in der Betty Saxophon spielte. Sie müssen danach zum Parkplatz in der Nähe des Spring Lake Parks gefahren sein, denn dort fand man Pauls Wagen mit dem Zündschlüssel, der noch innen steckte. Man fand die Leichen kilometerweit entfernt von dem abgestellten Ford. Allerdings waren die Leichen nicht am selben Ort abgelegt worden, die tote Betty lag noch-

105

mals rund drei Kilometer von ihrem Freund entfernt. Die Polizei wusste direkt, dass es sich um denselben Mörder handeln musste, denn der Täter benutzte dieselbe Tatwaffe, eine 7,65 mm Browning. Die Ermittler konnten nicht zweifelsfrei feststellen, wen der beiden der Killer als Erstes erschoss, doch Betty Booker war definitiv vergewaltigt worden, bevor der Mörder ihr das Leben nahm. Bettys Saxophon, das sie mitgenommen hatte, fehlte. Man fand es erst sechs Monate später im Park, in dem sie auch erschossen worden war, leider lieferte es keine neuen Hinweise.

Das kleine Städtchen Texarkana spielte nun völlig verrückt. Die Bewohner fuhren zum Spring Lake Park und Hunderte Menschen beobachteten, wie das Sheriff Department die Leiche aus dem Park barg, in dem die Kinder der Stadt jeden Tag spielten. Zudem gab es mittlerweile unzählige Schaulustige, die vor der Polizeistation campierten, weil sie unbedingt mitkriegen wollten, wenn die Ermittler einen Verdächtigen abführen würden. Es war eine Mischung aus Sensationsgier und Angst, die die Bevölkerung antrieb. Gleichzeitig herrschte eine Zuversicht, dass das Phantom nicht mehr lange unentdeckt bleiben würde. Die Bewohner hatten die Gefahr scheinbar erkannt und wähnten sich bereit für den Killer. Doch das Phantom sollte das nächste Mal genau dort zuschlagen, wo es keiner erwartete.

Das Muster des Serienmörders schien klar. In Vollmondnächten hatte er es auf junge Liebespaare abgesehen, die sich an einsamen Orten herumtrieben. Er missbrauchte zwei der drei Mädchen und erschoss anschließend sie und ihre Partner. Unklar bleibt, wieso er das erste Pärchen nicht tötete. Eventuell war er dort noch nicht bereit und die Tat eine Art Testlauf oder das nahende Auto hatte ihm zu große Angst eingejagt. Die örtliche Polizei, mittlerweile deutlich aufgestockt durch Beamte des FBI, hatte nun überall verdeckte Einheiten positioniert. An jeder »Lovers' Lane« lagen bewaffnete Beamten in ihren Verstecken auf der Lauer, um das Phantom, sollte es auftauchen, auf frischer Tat zu erwischen. Die Polizei setzte sogar junge Ermittler als Lockvögel ein, die ein verliebtes Pärchen mimten. Die Taktik des FBI ging nicht auf, denn das Phantom war zu klug, um in diese einfache Falle zu tappen.

DAS ABWEICHENDE MUSTER

Es war der 3. Mai, als der Maskenmann wieder zuschlug. Doch während die Beamten die einschlägigen Orte für Verliebte beschützten, als sei der Präsident zu Besuch, vernachlässigten sie andere Zonen der Stadt. Der Killer hatte sich das außerhalb von Texarkana gelegene Farmerhaus von Virgil und Katie Stark als Ziel ausgesucht.

Virgil saß an diesem Abend gemütlich in seinem Sessel, las die Tageszeitung und hörte seine Lieblingsradiosendung. Seine Frau Katie war derweil schon im Schlafzimmer. Sie hörte ein lautes Geräusch aus dem Garten und bat ihren Mann, das Radio leiser zu stellen. Doch alles war wieder still. Vermutlich ein Tier, dachte sie, was in einer ländlichen Region in Texas nicht das Unwahrscheinlichste gewesen wäre, und ging zurück ins Schlafzimmer. Auf dem Weg dorthin hörte sie, wie Glas zersplitterte. Sie dachte, ihr Mann hätte etwas fallen gelassen, und drehte um. Der Anblick von Virgil, der eben noch friedlich seine Zeitung gelesen hatte, ließ ihr den Atem gefrieren.

Das Phantom hatte ihn durch das Fenster hindurch erschossen. Katie stürmte zu ihrem Mann, doch der Killer hatte genau darauf gewartet: Aus seiner Deckung hinter dem Fenster schoss er auf sie. Zwei Kugeln trafen Katie Stark. Eine erwischte ihr Ohr, die andere traf ihre Zähne. Während sie den Killer hinter ihr durchs Fenster klettern hörte, rannte sie schwer blutend aus dem Haus. Getrieben vom puren Überlebensinstinkt rettete sich die Frau zum nächsten bewohnten Haus und sackte dort zusammen. Die Polizei kam zu spät zu der Farm. Das Phantom hatte sich mal wieder in Luft aufgelöst.

Die Angst hatte mittlerweile das kleine Städtchen fest in seiner Hand. Die Leute nagelten ihre Fenster zu, installierten Fallen im Garten und bereiteten sich auf einen Angriff vor. Jeder Bürger der Stadt hatte Angst, der Nächste zu sein, der Besuch des Mannes mit der weißen Maske bekommen würde. Die Absätze der örtlichen Waffenläden schossen in die Höhe. Egal ob Mann oder Frau, die Bevölkerung deckte sich mit Waffen ein, als wäre der Dritte Weltkrieg kurz vor dem Ausbruch. Einer der leitenden Ermittler hatte in einem Interview die Panik noch weiter befeuert, als er davon sprach, dass der einzige Weg, nicht getötet zu werden, darin bestehe, sich mit Schusswaffen einzudecken und sie im Notfall gegen den Killer einzusetzen.

Nachts war die Gemeinde zu einer Geisterstadt geworden, keine Menschenseele traute sich bei Dunkelheit mehr nach draußen. Fast alle verschanzten sich zu Hause. Selbst die Shops und Restaurants machten früher zu. Texarkana befand sich in einer Stimmung, als hätte der Gouverneur persönlich das Kriegsrecht verhängt. Als eine Polizeistreife an einer »Lovers' Lane« ein mutiges Paar fragte, ob sie denn keine Angst hätten, dort zu parken, wurden sie von den nervösen Liebenden direkt mit einer Pistole bedroht und sollten beweisen, dass sie auch wirklich zu den Gesetzeshütern gehörten.

Auch Angst vor Selbstjustiz machte sich in Texarkana breit. Viele Bürger wollten nicht mehr auf die Polizei und die aus ihrer Sicht viel zu langsamen Ermittlungen warten. Jeder verdächtigte jeden. Bürgerwehren zogen schwer aufgerüstet nachts ihre Kreise. Es ist ein Wunder, dass es zu keiner Lynchjustiz kam.

DAS TÄTERPROFIL

Captain Gonzaullas, der führende Ermittler der Texas Rangers, beschrieb das Phantom als ausgesprochen clever. Der Unbekannte würde es schaffen, seine Identität perfekt zu schützen, und sei auf keine Falle der Polizei hereingefallen. Der überwiegende Teil der 47-köpfigen Sondereinheit glaubte an ein sexuelles Motiv des sadistischen Killers. Der Serienmörder sei außerdem, so sagte ein Mitarbeiter nach dem Mord an dem Farmer, der wahrscheinlich glücklichste Kriminelle aller Zeiten: Niemand hatte ihn aus der Nähe gesehen, um ihn vernünftig zu beschreiben.

Jimmy Hollis, das erste Opfer, betonte, dass das Phantom derart verrückte Dinge sagte, dass er annimmt, sein Verstand funktioniere nicht normal. Ein herangezogener Psychologe legte ein Profil des Mörders an und vertrat die Meinung, dass der Killer ein Sadist mit ausgeprägtem Sexualtrieb ist. Er beschreibt das Phantom als sehr clever, denn er hätte zu jedem Zeitpunkt gewusst, was die Polizei tue, und mit den Beamten gespielt. Seine Tarnung war furchteinflößend und ließ ihn verdeckt operieren. Er war schlau genug, niemandem aufzufallen oder erwischt zu werden. Keiner der Tausenden Hinweise, die bei der Polizei eingingen, konnte ihn überführen. Zudem spielte es ihm in die Karten, dass die ganze Stadt Gerüchte verbreitete und jeder jeden verdächtigte.

Der Psychologe schloss nicht aus, dass das Phantom ein Doppelleben wie im Film führt und bei Tage ein unbescholtener, braver Bürger ist, der in der Nacht sein wahres Ich mit seiner weißen Maske aufsetzt. Tagsüber könnte er mit all den anderen Schaulustigen vor der Polizeiwache gestanden haben, weil er sich sicher war, nicht enttarnt zu werden. Der Killer musste nicht zwangsläufig aus der Stadt kommen, er kann die Region und seine Tatorte auch vorher ausspioniert haben. Und vielleicht, analysierte der Psychologe, würde er sogar irgendwann weiterziehen und in einer anderen Stadt weitermorden – in der Hoffnung, dass man die Fälle nicht miteinander verknüpfen würde. Natürlich ermittelte das FBI und die Texas Ranger mit Hochdruck, zeitgleich lechzte die Bevölkerung danach, einen Verdächtigen präsentiert zu bekommen, um endlich die Angst zu verlieren.

DIE HAUPTVERDÄCHTIGEN

Earl Cliff McSpadden war ein Mann, der vier Tage nach dem letzten Mord des Phantoms von einem Zug 26 Kilometer nördlich von Texarkana überfahren wurde. Zunächst spekulierten die Medien, dass der einsam wirkende Typ der Serienmörder sei, der wegen des zu großen Drucks der öffentlichen Fahndung vor den Zug gesprungen sei. Doch die Obduktion brachte eine schauerliche Wahrheit ans Tageslicht. McSpadden war nicht durch den Zug überfahren worden, er wurde zuvor erstochen und dann auf der Bahnstrecke platziert. Ein Zufall? Die Ermittler hielten es für möglich, dass ebenfalls das Phantom dahinterstecken würde, wobei dagegenspricht, dass die Tat klar von seinem Muster abwich. Der Tote wurde nicht wie die anderen Opfer des Maskenmannes erschossen. Außerdem hat der Mörder versucht, die Tat als Selbstmord zu tarnen, während das Gespenst zwar sein Gesicht verschleierte, aber die Tat an sich immer stolz inszenierte. Im Gegensatz zu anderen Serienmördern vergrub er weder die Leichen seiner Opfer, noch versuchte er sie als Unfälle oder Selbstmorde zu tarnen. Sie waren für die Polizei wie auf dem Präsentierteller zu finden.

Earl Cliff McSpadden war der letzte Ermordete in der Region. Die Mordreihe endete so abrupt, wie sie begonnen hatte. Ob es dem Maskierten zu heiß geworden war? Machten ihm die bewaffneten Bürgerwehren und die verstärkten Polizeikontrollen Angst, dass er bei der nächsten Tat auffliegen würde?

Max Tackett, einem eifrigen Polizisten, war aufgefallen, dass kurz vor jeder Tatnacht ein Auto gestohlen worden war. Hatte sich das Phantom sein Fahrzeug jedes Mal gestohlen, um so nicht mit seinem eigenen Auto aufzufallen? Es gab keinerlei Sichtungen der Autos in der Nähe der Tatorte, aber für einen Zufall schien die Wahrscheinlichkeit auch zu groß zu sein. Tackett nahm am 28. Juni 1946 Peggy Swinney in einem der gestohlenen Wagen fest und sie gestand, dass ihr Ehemann Youell mehrere Autos gestohlen hatte, er sei aber aktuell in Atlanta. Tackett spürte mit der Hilfe eines Bürgers, dem Youell ein gestohlenes Auto verkaufen wollte, den Flüchtigen auf und stellte ihn.

Youell soll immer wieder zu Tackett gesagt haben, dass er Angst vor dem elektrischen Stuhl habe. Der Polizist entgegnete, dass man für Autostehlen in der Regel nur fünf Jahre absitzen muss, daraufhin sagte Youell: »Inspektor, Sie suchen mich doch für mehr als nur das Klauen.« War Youell Swinney das Phantom? Seine eigene Frau beschuldigte ihn sogar zunächst, verweigerte später vor Gericht allerdings die Aussage. Er bestritt die Taten selbst nie, gestand sie aber auch nicht. Youell besaß eine Browning, genau wie der Mörder. Auch konnte seine Frau angeblich detaillierte Informationen über die Tat liefern. An einem von Youells T-Shirts fand man unter Schwarzlicht die Buchstaben »S-T-A-R-K«, den Namen des letzten Opfers des Phantoms.

Es sah zunächst eindeutig aus, doch die Ermittler waren skeptisch.

Seine Fingerabdrücke stimmten nicht mit denen überein, die an den Tatorten des Phantoms gefunden worden waren. Auch sonst schien der Kleinkriminelle mental nicht in der Lage, solche Taten zu begehen. Youell Swinney wurde zwar verurteilt, allerdings nur wegen des Diebstahls und Körperverletzung in einem anderen Fall, später setzte man ihn wegen Verfahrensfehler auf freien Fuß. Er ist längst tot, das Geheimnis, ob er das Phantom war, nahm er mit ins Grab.

Wahrscheinlich war er es nicht, denn er hatte für eine Tat ein Alibi und generell wirkte es eher so, als versuchten die Swinneys Aufmerksamkeit zu bekommen. Es ist schwer zu begreifen, wieso Menschen freiwillig gestehen, sie seien ein Serienmörder, auch wenn sie rein gar nichts damit zu tun haben. Ist es die Aufmerksamkeit? Bei jedem ungelösten Fall eines Serienmörders gibt es unzählige falsche Geständnisse von seltsamen Personen.

Auch diesmal. Ein 18-jähriger Schüler, der sich in Texarkana das Leben nahm, erwähnte in seinen Notizen, er sei das Phantom, allerdings widerlegte auch das die Polizei. Insgesamt sollen neun Personen gegenüber den Inspektoren behauptet haben, dass sie das Phantom seien. Der wahre Täter, das gilt als sicher, war nicht darunter.

1999 rief eine unbekannte Frau die hinterbliebenen Familien der Toten an und entschuldigte sich für die Taten ihres Vaters. Wer die Frau war und ob das Ganze wirklich ein

Geständnis oder ein, mit Verlaub, äußerst misslungener Scherz war, wurde nicht aufgeklärt.

MEIN FAZIT

Es klingt wie das Drehbuch eines Films. Eine Kleinstadt wird von einem Serienmörder tyrannisiert, der bei Dunkelheit in Vollmondnächten einsame Liebespaare erschießt. Er trägt dabei eine weiße Maske und wird das Phantom genannt, die Bevölkerung spielt verrückt und einstige Freunde gehen aufeinander los. Ich kann mir die Panik in der Stadt gut vorstellen. Ich glaube, noch heute wäre das bei einer vergleichbaren Situation ähnlich. Es sind eben die menschlichen Urinstinkte.

Ich persönlich glaube, dass der Täter extrem intelligent war und dennoch eine verrückte, sadistische Seite besaß, die er unter der Maske herausließ. Möglich wäre, dass er Hass auf alle Liebenden hatte, da er selbst nicht glücklich war. War er einsam und verbittert und griff deswegen nur glückliche Paare an?

Ich finde die Theorie spannend, dass er tagsüber ein normales Leben führte. Die Taten waren alle gut geplant, die Orte vorher ausgesucht und niemand sah ihn je vorher oder nachher. Kein Hinweis konnte ihn entlarven, und das, obwohl er mindestens vier Mal zuschlug. Als die Polizei ihm auf den Fersen war, änderte er seine Taktik. Die ganze Stadt hielt die Augen auf und dennoch wurde er nicht gefasst, das ist eine meisterhafte Leistung.

Ich frage mich, ob der Zugmord auf sein Konto geht. Einerseits wäre das ein seltsamer Zufall, wenn ein weiterer ungeklärter Mord in der Gegend zur selben Zeit begangen wird, andererseits will diese Tat so gar nicht in das Muster des Phantoms passen. Ich bin da unentschlossen. Der Unbekannte, egal wie genial er seine Taten plante, war absolut krank im Kopf. Er liebte das Töten, er liebte es, Menschen in Angst zu versetzen. Gerade den Mord an dem Farmer finde ich besonders kaltblütig, als er von draußen Stark erschoss und dann geduldig auf die Ehefrau wartete, um auch sie zu erledigen. Auch wie er Mary am Anfang fliehen ließ, nur um sie dann wieder einzufangen. Er genoss seine Taten, liebte wohl den Adrenalinkick.

Es bleibt eine Frage: Wieso hörten die Morde so abrupt auf? War es ihm zu heiß geworden? Vermutlich, denn ewig konnten seine Taten nicht unentdeckt bleiben. Irgendwann hätte er den berühmten einen Fehler gemacht, der ihn überführt hätte. Vielleicht konzentrierte er sich darauf, als normaler Bürger weiterzuleben, oder er änderte seinen Standort, um unauffälliger weiter zu morden. Vielleicht saß er auch für einen ganz anderen Mord in einem Staatsgefängnis ein, aber die Verbindung zu den Phantom-Morden wurde nie hergestellt. Bis heute noch reden viele Bewohner ungern über die düstere Vergangenheit ihres kleinen Städtchens.

Und falls ich jemals nach Texarkana kommen sollte, weiß ich schon, dass ich niemals an Vollmondnächten das Haus verlassen werde.

7

DER YOG'TZE FALL

Ein nackter Mann liegt tot in seinem Auto. Die Obduktion ergibt: Er wurde überfahren. Wie kann das sein?

Es gibt etliche Möglichkeiten, Botschaften verschlüsselt in die Welt zu schicken. Schon kleine Kinder erfinden Wörter, um damit geheime Nachrichten zu übermitteln. Sie haben beispielsweise ein geheimes Codewort für bestimmte Situationen parat, um ihre Eltern oder Lehrer auszutricksen.

Im militärischen Bereich ist man selbstverständlich weitaus ausgebuffter. Aus Angst, von den Japanern abgehört zu werden, setzten die Amerikaner im Zweiten Weltkrieg sogar Indianer als Funker ein, weil die eine extrem seltene Sprache in ihrem Stamm beherrschten und mithörende Spione somit nichts von den Befehlen verstanden. Die deutsche Wehrmacht hingegen vertraute auf die legendäre Enigma, eine aus Rotoren bestehende Chiffriermaschine, deren Codes die Alliierten mit gewissem Aufwand entschlüsselten und sich so den vielleicht entscheidenden Kriegsvorteil verschafften.

Im Zentrum dieses Kapitels steht eine Botschaft, die trotz unzähliger Versuche seitens der Behörden und einiger Hobbyermittler nie entschlüsselt werden konnte. Dabei könnte diese gegebenenfalls einen der mysteriösesten Todesfälle in der Geschichte der Bundesrepublik Deutschland aufklären.

Merkwürdige Dinge schienen im Leben von Günther Stoll vorzugehen. Der 34-jährige Vater einer Tochter und eigentlich glückliche Ehemann war seit einer Weile ohne Job. Der Mann, der mit seiner Familie in Anzhausen im Siegerland wohnte, war gelernter Lebensmitteltechniker. Doch bei welcher Firma er zuvor gearbeitet hatte und wieso er im Jahr

1984, einer Zeit der boomenden Wirtschaft in der BRD, entlassen worden war, ist nicht offiziell bekannt.

Ebenso ist nicht genau überliefert, wann die mysteriösen Vorkommnisse in das Leben von Stoll Einzug hielten. Seine Ehefrau wird später sagen, dass sich ihr Mann schon seit geraumer Zeit verfolgt fühlte und permanent panische Angst vor einer unbekannten Macht hatte. Von einer konkreten Bedrohung bekamen aber selbst Angehörige nichts mit. Außerdem wurden Stolls Aussagen mit einiger Skepsis aufgenommen, denn er sprach oft nur in wirren Satzphrasen: »Alle sind sie gegen mich«, sagte er einmal. Er konkretisierte nie einen Verdacht, sondern sprach nur von »denen«, die ihn verfolgen würden. Ein anderes Mal äußerte er die Angst, dass »die« ihm etwas »antun« würden. Wer diese Typen waren oder was sie von dem Arbeitslosen wollten, sagte er nie. Er ging auch nie zur Polizei und traf auch sonst keine Schutzmaßnahmen. Nicht einmal seiner Ehefrau vertraute er nähere Informationen an, sodass man davon ausging, dass die Arbeitslosigkeit und die dadurch resultierende Untätigkeit an Stolls Verstand genagt haben könnten.

Litt er unter einer Psychose? War er vielleicht schizophren? Waren die mysteriösen Unbekannten, die nach Stolls Leben trachteten, eventuell nur eine fiese Wahnvorstellung, die den Lebensmitteltechniker heimsuchte? Ein gravierender Einschnitt in das eigene Leben, wie zum Beispiel eine Entlassung, könnte die Symptome beschleunigt haben. Das Verhalten von Günther Stoll ließ zunächst eigentlich nur den Schluss zu, dass die Bedrohung auf reiner Einbildung basierte. Er nannte seiner Ehefrau trotz ständiger Nachfragen weder ein genaues Motiv noch die Identität seiner angeblichen Verfolger. Wäre ich damals anwesend gewesen, hätte ich die von ihm geschilderten Feinde wahrscheinlich ebenfalls für eine abenteuerliche und absurde Geschichte gehalten. Zu unpräzise waren die Anschuldigungen. Ich hätte nie damit gerechnet, dass wirklich eine akute Gefahr für das Leben des Familienvaters bestand. Und damit hätte ich mich wie alle anderen gnadenlos geirrt.

DER GEISTESBLITZ

Es war der 25. Oktober 1984 um kurz vor 23 Uhr. Günther Stoll saß nervös auf dem Sessel im gemeinsamen Schlafzimmer und grübelte, ehe er wie aus dem Nichts aufsprang und euphorisch rief: »Jetzt geht mir ein Licht auf!« Seine Frau, die ebenfalls im Raum war, erschrak. Stoll griff nach einem Zettel und notierte sechs Buchstaben, die bis heute die Ermittler vor ein Rätsel stellen. Das unbekannte Wort lautete: YOG'TZE

Kurz darauf schien es sich Stoll anders zu überlegen und strich die Buchstaben wieder durch. Noch in der Tatnacht soll die Ehefrau laut eigenen Angaben den Zettel weggeschmissen haben, weswegen die Polizei ihn nie als Beweisstück sichern konnte. Sie hielt das durchgestrichene Gekritzel ihres sich seltsam verhaltenden Ehemanns für nicht besonders wichtig, was man ihr nicht unbedingt verdenken kann. Heute ist man sich bei den Behörden nicht sicher, ob der Zettel wirklich mit dem Fall in Verbindung steht, und es wird auch bezweifelt, ob er überhaupt je existierte. Weshalb die Polizei die Aussage der Ehefrau anzweifelte, wurde hingegen nie bekannt gegeben.

Nach dem Vorfall mit dem mysteriösen Wort entschloss sich Stoll, noch mal in seiner Lieblingskneipe, dem »Pattilon«, vorbeizuschauen. »Ich kann hier nicht mehr ruhig sitzen«, sagte er. Laut seiner Ehefrau wirkte er aufgewühlt. Das Rätsel, welches auch immer er mit seinem Geistesblitz gelöst zu haben glaubte, beschäftigte ihn wahnsinnig. Er brauchte Luft und musste etwas anderes sehen, also schnappte er sich seine Wildlederjacke vom Haken und setzte sich in seinen blauen VW Golf, den außer ihm nicht mal seine Frau fahren durfte.

Der Lebensmitteltechniker fuhr die sieben Kilometer in den Nachbarort Wilnsdorf ohne Umwege und hielt direkt vor der urigen Schenke. Er bestellte sich ein Bier und nahm seinen Stammplatz an der Bar ein. Der Wirt und die meisten Gäste kannten ihn, da der »Pattilon« die Stammkneipe von Stoll war. Die Dörfler besprachen hier nicht selten bis in die späten Abendstunden das Tagesgeschehen bei einem eisgekühlten Bier. An diesem Abend aber trank Günter Stoll noch nicht mal einen Schluck seines Bieres, als er aus dem Nichts von seinem Barhocker nach hinten fiel. Es hatte keine vorherigen Signale gegeben, die auf ein solches Verhalten hingedeutet hätten. Stoll rappelte sich wieder auf und die Gäste sahen, dass er sich beim Sturz eine Verletzung im Gesicht zugezogen hatte. Er musste sich beim Sturz nach hinten noch reflexartig zur Seite gedreht haben, weswegen er nicht mit dem Hinterkopf aufschlug. Die Verletzungen waren nichts Gravierendes, aber sicherlich schmerzhaft.

Zwei Dörfler, die ihm beim Aufstehen halfen, fragten ihn, ob er nicht zu tief ins Glas geschaut hätte. Stoll beteuerte sofort, stocknüchtern zu sein. Er hätte nur einen Blackout gehabt und sei nur »kurz weg gewesen«. Die Obduktion wird später bestätigen, dass Stoll tatsächlich nüchtern war. Der Wirt, der seinen Stammgast bereits lange kannte, verarztete einen Kratzer unter dessen Auge und spendierte ihm anschließend noch einen Orangensaft und einen Schnaps für den Kreislauf aufs Haus. Doch all die Fürsorge hielt Günther Stoll trotzdem nicht davon ab, die Bar wieder zu verlassen. Er ließ sein unangerührtes Bier stehen, bevor er offensichtlich wieder nervös und nachdenklich die Kneipe mit schnellen Schritten verließ.

Er stieg in seinen blauen VW Golf und fuhr davon. Wo er die nächste Stunde verbrachte, ist nicht bekannt. Gesichert ist aber, dass er nicht wie geplant zu seiner Frau nach Hause zurückkehrte. Um 1 Uhr in der Nacht tauchte er in Haigerseelbach auf. Die kleine 1000-Seelen-Gemeinde liegt nur zehn Minuten von der Kneipe entfernt. In diesem Ort lebten seine Mutter und seine Brüder. Stoll war hier aufgewachsen, hatte in den Straßen als Kind gespielt, kannte jeden Stein beim Namen. Umso mehr verwundert es, dass er nicht etwa seine Mutter oder einen Kindheitsfreund in seiner Schicksalsnacht aufsuchte. Günther Stoll hatte ein anderes Ziel.

Der Lebensmitteltechniker besuchte eine 76-jährige Frau, die unweit seines Elternhauses wohnte. Die Frau galt im Dorf als besonders religiös, doch ob das ein Grund war, warum Stoll sie unbedingt in der Nacht sehen wollte, darüber kann man nur spekulieren. Die alte Dame war überrascht und etwas verängstigt, als jemand mitten in der Nacht bei ihr Sturm klingelte. Als sie den ehemaligen Nachbarsjungen vor der Eingangstür durch den Türspion erkannte, öffnete sie trotz aller Bedenken die Tür.

Sie hatte zunächst vor, den ungebetenen Gast abzuwimmeln, doch er versuchte hartnäckig, sie in ein Gespräch zu verwickeln. Er stammelte zusammenhangsloses Zeug, sagte unter anderem ein »fürchterliches Ereignis« für diese Nacht voraus, wirkte total panisch. Die Nachbarin seiner Eltern war verwirrt, sie wusste weder, was der Mann da von sich gab, noch, wie sie mit ihm umgehen sollte. Sie riet ihm, bei seinem Elternhaus vorbeizuschauen und seiner Mutter von seinem Problem zu berichten, doch Stoll blockte ab. Dort werde man sein Anliegen nicht verstehen, betonte er.

Die alte Dame schickte ihn schlussendlich nach Hause zu seiner Ehefrau, denn auch sie nahm seine wirren Thesen nicht für bare Münze. Sie ging davon aus, dass er in der Kneipe lediglich einen über den Durst getrunken hatte. Sie wusste nicht, dass Günther Stoll immer noch stocknüchtern war und ihr gerade seinen eigenen Tod vorausgesagt hatte.

Eigentlich hatte Günther Stoll der Nachbarin seiner Eltern versprochen, ohne Umwege zu seiner Ehefrau nach Anzhausen zu fahren. Dieses Versprechen tangierte ihn anscheinend aber nicht, denn die nächsten zwei Stunden kehrte Stoll nicht nach Hause zurück. Es sind die zwei Stunden, die für diese Geschichte entscheidend sein sollten.

DER UNFALL

Um drei Uhr morgens waren auf der Autobahn A 45 vor allem Frachttransporter unterwegs. Zwei Lkw-Fahrer machten auf ihrer nächtlichen Fahrt eine grausame Entdeckung. In der Böschung kurz vor der Autobahnabfahrt Hagen-Süd, rund hundert Kilometer von Haigerseelbach entfernt, bemerkten sie einen verunfallten blauen VW Golf. Der Wagen musste in der abschüssigen Linkskurve von der Fahrbahn abgekommen sein und hatte dabei einige kleine Büsche und Sträucher mitgenommen.

Das Fahrzeug stand im 90-Grad-Winkel zur Fahrbahn und war ganz offensichtlich fahruntüchtig. Der Motor und das Licht wurden ausgeschaltet, nur die Innenleuchte sorgte für etwas Helligkeit. Später werden sich beide Lkw-Fahrer unabhängig voneinander an einen jungen, blonden Mann in heller Jacke mit einem wahrscheinlich blutigen Ärmel erinnern, der um den Wagen herumschlich. Er wirkte verletzt. Als sie anhielten, um zu helfen, war der Unbekannte vom Unfallort verschwunden. Doch er ließ jemanden zurück.

Volker M., der Lkw-Fahrer, der als Erster den Tatort erreichte, fand Günther Stoll auf dem heruntergedrehten Beifahrersitz. Diesen bizarren Anblick wird er wohl sein Leben lang nicht vergessen. Stoll war splitterfasernackt, stark blutend und offensichtlich schwer verletzt. Teile seiner Kleidung lagen verstreut im Golf herum, seine Wildlederjacke zerknittert auf dem Fahrersitz. Lediglich die Schuhe standen geordnet im Fußraum. An Stolls Körper hafteten Schmutz und

124

Blätter, als hätte er noch kurz zuvor auf einem Waldboden gelegen. Der ehemalige Lebensmitteltechniker war noch bei Bewusstsein, als seine Retter eintrafen. Er rang erkennbar mit dem Leben.

Während der eine Lastwagenfahrer zu einer Nottelefonsäule sprintete, um den Krankenwagen zu rufen, schaffte es Volker M., mit dem Verletzten ein kurzes Gespräch zu führen. Mit letzter Kraft flüsterte ihm Günther Stoll zu, dass vier Männer in dem Auto gewesen seien. Sie seien abgehauen. Volker M. erwiderte, dass die vier ja »tolle Freunde« gewesen seien, wenn sie ihn alleine und verletzt zurückließen. Darauf reagierte Stoll mit einem Kopfschütteln. »Nicht deine Freunde?«, hakte Volker M. nach. »Nein, nicht meine Freunde!«, entgegnete der Verletzte, ehe er endgültig ohnmächtig zusammensackte. Die Polizei konnte ihn nicht mehr verhören, denn als er im Siegener Krankenhaus ankam, konnte der behandelnde Arzt nur noch den Totenschein ausfüllen. Niemand hatte ihm geglaubt, aber Günther Stoll hatte seinen eigenen Tod prophezeit.

Die Behörden fehlinterpretierten den Fund, da es zunächst nach einem Unfall mit Fahrerflucht aussah. Günther Stoll lag schwer verletzt auf dem Beifahrersitz und der oder die Mitfahrer waren offensichtlich geflohen. Deshalb übernahm als Erstes die Autobahnpolizei den Tatort. Als Stunden später doch noch die Mordkommission die Ermittlungen übernahm, war der Tatort schon aufgeräumt worden. Die Spurensicherung kam zu spät, die Spuren außerhalb des Wagens waren beseitigt. Ein Fauxpas, der den Behörden heute nicht mehr passieren würde. »Heute«, betonte Ulrich Kayser, Kriminalhauptkommissar der Hagener Kripo, gegenüber der »Autobild«, »arbeiten wir zum Glück niederschwelliger, wären also gleich vor Ort.«

Die Polizei nahm den Vorfall ernst und ermittelte. Doch mit den Ergebnissen der Obduktion von Günther Stoll hatte niemand gerechnet. Der Bericht zeichnete ein noch viel grausameres Bild des Vorfalls. Die tödlichen Verletzungen waren demnach nicht etwa beim Unfall in der Böschung entstanden, sondern einige Zeit davor. Jemand hatte den nackten Arbeitslosen mindestens einmal mit einem Auto überfahren. Anschließend muss man den Schwerverletzten auf den eigenen Beifahrersitz gehievt und den VW von der Fahrbahn in den Graben manövriert haben. Die genaue Stelle, an der Stoll überfahren wurde, konnte die Polizei nie ermitteln. Sie kann theoretisch auch etliche Kilometer vom Fundort des Golfs entfernt liegen. Das Laub am Körper des Toten könnte auf eine Waldstelle oder Landstraße in bewaldeter Gegend hindeuten.

Man muss sich die Tat mal bildlich vorstellen: Ein Mann, dem man aus welchem Grund auch immer die Kleidung ausgezogen hat, wird nackt überfahren, bis er halb tot ist. Anstatt ihn sterben zu lassen, setzt man ihn in seinen eigenen VW Golf, mit dem man ebenfalls einen Unfall baut oder inszeniert. Zudem hatte das Opfer vorher immer wieder vorhergesagt, dass ihm etwas Fürchterliches zustoßen würde. Klingt nach Hollywood, nicht wahr? Es lag jetzt an den Ermittlern zu entschlüsseln, was wirklich in jener Nacht mit Günther Stoll geschah.

126

DER UNBEKANNTE ANHALTER

Nachdem der äußerst mysteriöse Fall 1985 bei »Aktenzeichen XY« nachgestellt und dadurch landesweit bekannt wurde, liefen die Telefone bei der Polizei in Hagen heiß. Viele Autofahrer, die in besagter Nacht unterwegs waren, erinnerten sich an einen Anhalter, der in der Nähe der Unfallstelle auf der entgegengesetzten Fahrbahn in Richtung Frankfurt trampte. Trotz aller Bemühungen wurde der Anhalter nie identifiziert. Ob es sich um denselben Mann handelte, der um das Tatfahrzeug herumschlich, ist eher unwahrscheinlich, da die Polizei zwei unterschiedliche Fahndungen herausgab.

Die beiden Lkw-Fahrer und Hauptzeugen in diesem Fall beschrieben den mysteriösen blonden Mann als 1,70 bis 1,80 Meter groß, 20 bis 25 Jahre alt mit einem auffallend schmalen Gesicht. Da Volker M. die Motorhaube des Golfs berührte und diese bereits kalt war, ging die Polizei davon aus, dass der Wagen schon eine Zeit lang in der Böschung stand, bevor er gefunden wurde.

Die folgenden Untersuchungen verliefen im Sande: Weder die Herkunft des Wortes YOG'TZE noch ein Verdächtiger konnten präsentiert werden. Die heutigen Ermittler verfolgen einen neuen Ansatz. Sie wollen vor allem versuchen, DNA-Spuren am Körper des Toten, den Sitzpolstern des Golfs und einem blutigen Stück Stoff, das man im Wagen fand, zu extrahieren. Noch immer liegen die Tatgegenstände in der Asservatenkammer. Doch leider bringt jede Täter-DNA erst dann etwas, wenn sie mit einer anderen DNA-Spur in der Datenbank identisch ist. Wenn der Täter niemals registriert wurde, ist die Spur erst mal nutzlos.

Im Internet opferten Hobby-Detektive einen Großteil ihrer Freizeit, um Theorien über diesen fesselnden Fall aufzustellen. Von realistischen bis äußerst spekulativen Ansätzen lässt sich im Netz alles finden, eine Theorie ohne Lücken existiert bisher allerdings nicht. Die Kernfrage in dieser Geschichte ist meiner Meinung nach, ob Günther Stoll wirklich verfolgt wurde und ob er wirklich von denselben Leuten umgebracht wurde, vor denen er so große Angst hatte.

Das Verhalten des arbeitslosen Familienvaters sprach in meinen Augen eher für eine Psychose. Seine Lebenssituation war frustrierend. Niemand bekam jemals irgendwelche Bedrohungen gegen ihn mit. Seine Andeutungen konkretisierte er nie, nicht mal gegenüber seiner eigenen Frau. Wieso erwähnte er seine vermeintlichen Verfolger dann überhaupt? Man könnte argumentieren, dass er seine Familie vielleicht schützen und sie, in was auch immer er verwickelt war, nicht auch noch mit hineinziehen wollte. Wieso allerdings deutete er dann immer wieder in kryptischen Sätzen eine dunkle Macht an, die ihm nach dem Leben trachtete? Welchen Vorteil hatte er davon, seiner Frau zwar anzudeuten, dass er in Gefahr war, aber ihr nicht zu verraten wieso? Wenn er seinen angeblichen Peinigern zum Opfer fallen sollte, hätten seiner Frau diese Informationen rein gar nicht weitergeholfen.

Und wer sollen seine mächtigen Feinde denn gewesen sein, dass er anscheinend der Meinung war, nicht mal die Polizei könnte ihn beschützen? Trotz seiner Paranoia sagte er nie auf einer Wache aus. Eine viel bessere Frage ist: Was hätten die Unbekannten überhaupt von dem arbeitslosen Lebensmitteltechniker haben wollen? Geld kann es wohl kaum gewesen sein. Was hätte Günther Stoll so wichtig gemacht, dass man ihn dauerhaft unter Druck setzte?

In der »Aktenzeichen XY«-Sendung wurde erwähnt, dass Günther Stoll wohl öfter Urlaub in den Niederlanden machte und dort einige Leute kannte. Ein Kommissar vermutete im Fernsehen einen eventuellen Kontakt ins Rauschgiftmilieu. War Günther Stoll gar ein Kurier? Hatte er es sich mit der Drogenmafia verscherzt? Schuldete er vielleicht einem Händler Geld und war deshalb so in Angst?

Nehmen wir nur mal an, das würde stimmen. Wieso versuchte er dann nicht, sich Geld zu leihen? Wie hätte ihm das mysteriöse Wort im Zusammenhang mit einer Drogenbande helfen können? Wenn ich von der Drogenmafia gejagt werde, dann fahre ich doch nicht nachts alleine durch die Gegend, um mich wie auf dem Präsentierteller zu zeigen. Außerdem hätte man sicherlich auch seine Familie bedroht, um das Geld einzutreiben, und das wäre aufgefallen.

DIE UNFALL-THEORIE

Die unspektakulärste Theorie muss nicht unbedingt die schlechteste sein. Sehen wir uns die Fakten aus der Tatnacht an. Stoll verhielt sich psychisch auffällig. Die Paranoia, der Geistesblitz, der plötzliche Blackout in der Bar, das alles spricht dafür, dass er unter einer Psychose gelitten haben könnte. Auch dass er nachts eine alte Nachbarin seiner Eltern aufsuchte, zu der er sonst keinen Kontakt hatte, spricht nicht gerade für einen klaren Verstand. Was wollte er von der alten Dame überhaupt? Wollte er der religiösen Frau etwas beichten? Einen Rat? Wieso wählte er ausgerechnet sie, zu der er nie ein enges Verhältnis pflegte?

Die Unfall-Theorie ist folgende: Einige Menschen, die unter einer Psychose leiden, neigen dazu, sich auch schon mal in der Öffentlichkeit nackt auszuziehen. Was ist, wenn Günther Stoll im Wahn mitten in der Nacht nackt über die Straßen lief? Es könnte so gewesen sein: Als ein vorbeifahrendes Auto den nackten Stoll zu spät sieht und nicht mehr bremsen kann, wird der Arbeitslose überfahren. Der Autofahrer bekommt Panik, er hat ja schließlich gerade einen Menschen überfahren. Selbst wenn er nicht unbedingt schuld war, hatte er vielleicht Angst vor Konsequenzen. Eventuell könnte der blonde, junge Mann, den die Lkw-Fahrer gesichtet hatten, dieser Fahrer gewesen sein.

Er sieht, dass der Mann, den er gerade überfahren hat, noch lebt, und beschließt, ihn ins Krankenhaus zu fahren. Er schleppt Stoll auf den Beifahrersitz des Golfs und fährt Richtung Siegen in die Klinik. Als er vor lauter Aufregung von der Fahrbahn abkommt und in die Böschung rast, steigt der völlig überforderte junge Mann aus und flieht, als er bemerkt, dass die Lkw-Fahrer ihn entdeckt haben.

Die Theorie hakt an einigen Stellen. Wenn das Überfahren von Günther Stoll ein Unfall war, wieso fuhr der Täter das Opfer dann nicht in seinem eigenen Wagen ins Krankenhaus? Wieso nahm er den VW Golf des arbeitslosen Familienvaters? Wieso sprach Stoll kurz vor seinem Tod von vier Männern? Warum zogen sie ihn nicht wieder an oder legten ihm eine Jacke um? Auch wenn diese Theorie von vielen favorisiert wird, ich halte sie für nicht stimmig.

Gehen wir davon aus, dass unser Protagonist wirklich verfolgt wurde. Hatte man ihn gezwungen sich auszuziehen, um ihn zu erniedrigen? War die Tat sogar eine Hinrichtung, bei der man den nackten Mann wieder und wieder überfahren hatte? Hatte man Stoll dann in sein eigenes Auto verfrachtet und den VW von der Fahrbahn manövriert, um einen normalen Unfall vorzutäuschen? Und um von der Stelle abzulenken, an der er eigentlich überfahren wurde? Bisher erscheint das sehr logisch, doch auch diese Theorie hat ihre Schwachstellen. Wären es tatsächlich professionelle Killer gewesen, die an ihm ein Exempel statuiert haben, bleibt die Frage, wieso er noch am Leben war, als die Lkw-Fahrer eintrafen. Wieso gingen die Täter nicht auf Nummer sicher, dass er tot war und keinem mehr einen Hinweis geben konnte? Ihn überleben zu lassen, war ein extremes Risiko, das die Mafia wohl kaum eingegangen wäre.

Stoll sprach von vier Männern, die dabei waren. Er beschuldigte sie allerdings nicht direkt als seine Mörder. Außerdem kann man vermuten, dass er sie nicht namentlich kannte. Läge ich schwer verletzt im Sterben, würde ich meine letzte Energie verwenden, um den Namen meines Mörders zu verraten – wenn ich ihn denn wüsste. Ich finde es durchaus merkwürdig, dass Günther Stoll das nicht tat.

Der Fall erreichte viele Menschen, die tatsächlich mit vollem Herzblut Recherchen anstellten. Im Internet gelang es sogar einigen Tüchtigen, das Fernsehprogramm von jenem Abend im Jahr 1984 herauszufinden, als Günther Stoll seinen Geistesblitz hatte. Kam er auf das mysteriöse Wort, weil er im Fernsehen etwas Bedeutendes sah?

Es gibt tatsächlich einen spannenden Fakt: Im öffentlichrechtlichen Fernsehen lief um 23 Uhr ein Wirtschaftskrimi der Reihe »Schwarz Rot Gold«. Der Titel lautete »Alles in Butter«. Es ging dabei um den Betrug einer Butterschmelze, die ihre Butter mit Palmfett panschte und somit günstiger auf den Markt brachte als die Konkurrenz. Da Stoll als Lebensmitteltechniker arbeitete, liegt ein Zusammenhang nahe. War er selbst mal an einem Lebensmittelskandal beteiligt? Hatte er deshalb Angst? Kannte er eine geheime Rezeptur? Hatte ein großer Konzern Angst, dass er auspacken könnte? Oder fiel ihm gar selbst ein gutes Rezept ein? Steht bei dem Wort YOG'TZE, wie einige vermuten, YOG für Yoghurt und TZE für einen naturidentischen Aromastoff?

Es ist unklar, ob das Wort überhaupt etwas mit dem Fall zu tun hat. Vielleicht war es unsinniges Gekritzel, vielleicht hatte die Ehefrau das Wort falsch gelesen. Der Originalzettel wurde nicht mehr gefunden. Was glaubte Stoll herausgefunden zu haben? Das Wort YOGTZE existiert in keiner Sprache der Welt. Man versuchte, mit Analogien und mit Enigma-Entschlüsselungsmethoden das Worte zu knacken – ohne Erfolg. Wenn man das G als eine 6 liest, hat man mit YO6TZE einen rumänischen Funkspruch, der allerdings keine tiefergehende Bedeutung hat. Y 0 GTZ É hingegen soll, wie einige Internetnutzer recherchierten, angeblich ein ehemaliger NATO-Code sein, der bis 1980 existierte und für den Fall eines Rückzugs in die Benelux-Staaten genutzt werden sollte. Da Stoll Verbindungen nach Holland hatte, hat man zumindest einen losen Zusammenhang.

Ich für meinen Teil finde die Yoghurt-Theorie noch am wahrscheinlichsten, aber ich bezweifele, dass das Wort überhaupt eine Rolle spielt.

MEIN FAZIT

Noch heute rufen täglich Menschen bei der Polizei in Hagen an, um bei der Aufklärung zu helfen. Viele Ermittler verdrehen die Augen, sie wollen Beweise und Zeugenaussagen, doch stattdessen bekommen sie immer neue Theorien, die sie längst nicht mehr hören können. Eins ist aber sicher: Mord verjährt nicht. Deswegen wird der Fall immer wieder ans Tageslicht geholt und neu aufgerollt.

Ich persönlich denke, falls jemand Günther Stoll absichtlich in dieser Nacht überfuhr, dann muss diese Person einen tiefen Hass gegen ihn empfunden haben oder ein absoluter Psychopath sein. Er muss ihn gezwungen haben, sich splitterfasernackt auszuziehen, sich dann auf die Straße zu legen, um dann über ihn zu rollen. Das ist die Tat eines Sadisten. Normalerweise würde ein solcher Tätertyp die Person einfach auf der Straße liegen lassen. Da das aber nicht geschah, muss man davon ausgehen, dass die Stelle, an der Stoll überfahren wurde, Hinweise auf den Täter liefern könnte.

War der junge, blonde Mann am Tatort der Mörder? Hatte man den Unfall in der Böschung absichtlich inszeniert? War es überhaupt einer? Wieso hatte man Stoll nach der Attacke am Leben gelassen? Welchen Sinn hatte es, mit ihm nackt auf dem Beifahrersitz durch die Gegend zu fahren? Und wenn man einen Unfall mit Todesursache hätte faken wollen, um die wahre Tat zu vertuschen, dann hätte man Stoll auf den Fahrersitz setzen und ihm etwas anziehen sollen. Hatte man das vielleicht noch vor und wurde von den Lkw-Fahrern dabei unterbrochen? Wieso allerdings wähle ich eine nachts viel befahrene Autobahn und keine einsame Landstraße, um so einen Unfall ungestört zu inszenieren? In diesem Fall passt nichts wirklich zusammen.

Die Lebensmittelmafia-Theorie ist für mich die spannendste. Es wäre wirklich filmreif, wenn Stoll immer recht gehabt hätte mit seiner Paranoia und ihm keiner glaubte, obwohl der ehemalige Lebensmitteltechniker einer großen Sache auf der Spur war. Ich persönlich glaube dennoch an eine Psychose von Günther Stoll, da sein Verhalten fast lehrbuchhaft alle Symptome aufweist.

Von mir wird die Unfall-Hypothese favorisiert, da sie am unspektakulärsten und realistischsten scheint. So könnte es in meinen Augen gewesen sein: Vier Jungs, spät abends aus der Disko kommend, überfahren einen verwirrten Mann, der nackt auf der Straße lag. Es war nicht ihre Schuld, aber sie bekommen panische Angst, ins Visier der Polizei zu geraten. Vielleicht hatte der Fahrer sogar etwas Alkohol im Blut. Deswegen entschieden sie, auf keinen Fall den Notruf zu rufen. Sie waren verunsichert, ob sie für etwas verurteilt werden würden, an dem sie doch gar nicht schuld waren. Den blutenden Mann sterben zu lassen, brachten sie jedoch auch nicht übers Herz. Also entschied sich der Blonde, ihn ins Krankenhaus zu fahren. Voll von Adrenalin durch die Ausnahmesituation kommt er von der Straße ab. Der Blondschopf überlebt die Fahrt, aber steht unter Schock und ist ratlos, was er jetzt tun soll. Als er sieht, dass die Fernfahrer den Tatort entdecken, flieht er in einer Kurzschlussreaktion in den Wald, da ihm seine Geschichte keiner glauben würde und er Angst hat, als Mörder verurteilt zu werden. Dieses Szenario hat seine bereits oben genannten Schwachstellen, aber ich persönlich kann mich damit eher anfreunden, als mit einer Lebensmittel- oder Drogenmafia, die einen arbeitslosen Lebensmitteltechniker im beschaulichen Siegerland exekutiert.

Vielleicht liege ich aber auch falsch und es gelingt einem genialen Geist doch noch, das Wort YOG'TZE zu entschlüsseln, und vielleicht hat man dann endlich die Antwort, nach der alle suchen. Denn wenn Günther Stoll so mächtige Feinde hatte, dann musste er seinen Geistesblitz so verschlüsseln, dass ihn niemand dechiffrieren konnte.

8

DIE RUHE NACH DEM STURM

Drei Leuchtturmwärter verschwinden spurlos von einer einsamen Insel nahe Schottland. Sie hinterlassen mysteriöse Logbucheinträge.

Gerichtsmediziner, Anwälte und Polizisten streiten seit vielen Jahren darüber, ob der perfekte Mord existiert. In Zeiten von DNA-Tests, internationalen Datenbanken und Smartphone-Ortung wird es selbst für gewiefte Mörder immer schwieriger, unentdeckt zu operieren. Spätestens bei der Obduktion der Leiche finden die Experten meistens entscheidende Hinweise auf den Täter. Ist der perfekte Mord am Ende doch nur eine von Hollywood erschaffene Illusion?

Nur was ist, wenn gar keine Leiche existiert? Oder wenn überhaupt niemand überhaupt einen Mord vermutet? Nehmen wir an, zwei Freunde sind Bergsteigen in einem abgelegenen Gebirge. An einer Klippe stößt der eine den anderen in die Tiefe. Es gibt keine Zeugen, keine Spuren an der Leiche, und die ganze Welt würde von einem Unfall ausgehen. Diese Option wäre nahe am perfekten Mord, funktioniert aber nur bei einer gewissen Vertrauensbasis. Euer größter Feind würde sicherlich nicht mit euch alleine ins Himalaya zum Bergsteigen fliegen. In der nun folgenden Geschichte fand man keine Leichen, niemand weiß, wer Opfer und wer Täter ist oder ob am Ende alles nur ein tragischer Unfall war.

Die Insel Eilean Mor ist die Hauptinsel der Flannan Isles, einer westlich der schottischen Hebriden vorgelagerten Inselgruppe. Das Festland und die anderen, teils bewohnten Inseln der äußeren Hebriden sind weit entfernt und Eilean Mor ist so was wie die letzte schottische Bastion vor dem ungezügelten Ozean. Die felsige Insel ist nur spärlich bewachsen, eine ausgeprägte Flora und Fauna sucht man vergebens.

Außer Seevögel zieht es kaum ein Tier zu diesem kahlen, einsamen Ort. Fußläufig ist man von einem Ende der Insel zum anderen nur ein paar Minuten unterwegs. Etwas Spektakuläres gibt es auf der Insel nicht zu sehen, nichts als das weite Meer, das sie umschließt und dessen Wellen ungebremst an den Felsen zerschellen.

Am höchsten Punkt der Insel steht ein 23 Meter hoher Leuchtturm, den die britische Regierung 1899 errichten ließ. Immer wieder hatten Schiffe Probleme, der Insel auszuweichen, und in tiefschwarzer Nacht sah man die Silhouetten von Eilean Mor meistens erst, wenn es schon zu spät war. Der neue Leuchtturm sollte den Seeleuten endlich Schutz versprechen. Es wurden an der Ost- und Westseite der Insel kleine Anlegestellen gebaut, die es für Versorgungsschiffe möglich machten, die schwer erreichbare Eilean Mor anzulaufen. 1971 errichtete man sogar einen Helikopterlandeplatz, um die Insel auch bei stürmischem Seewetter anfliegen zu können.

Die Leuchtturmbesatzung bestand zunächst aus vier Wärtern, von denen immer drei gleichzeitig auf der Insel Dienst hatten. Der vierte genoss seinen verdienten Urlaub auf dem Festland. Es war ein Rotationssystem, sechs Wochen arbeiten, zwei Wochen Landurlaub. Nach eineinhalb Monaten auf der einsamen Insel war der Landgang für die Wärter auch bitter nötig, denn die Zeit auf Eilean Mor zermürbte selbst erfahrene Seeleute. Außer der Arbeit gab es wenig zu tun, denn die unbewohnte Insel bot logischerweise nur wenige Freizeitmöglichkeiten. So blieben das Fischen und gemeinsames Kartenspielen die einzige Ablenkung von der Eintönigkeit auf der Insel.

Im Dezember 1900, als sich der berühmteste Vorfall der Geschichte von Eilean Mor ereignete, bestand die Besatzung aus Thomas Marshall, James Ducat und Donald McArthur. Es waren allesamt pensionierte Seefahrer, die ihr ganzes Leben auf dem Meer verbracht hatten.

Joseph Moore, der vierte Wärter, hatte frei und weilte auf dem Festland, seine Rückkehr war für den 21. Dezember geplant. Zusammen mit dem Versorgungsschiff »Hesperus«, das die Insel alle vierzehn Tage anlief und mit Lebensmitteln versorgte, sollte Moore seine Ablöse antreten.

Ein schwerer Sturm verzögerte das Anlegen der »Hesperus«, und so konnte die Besatzung Eilean Mor erst fünf Tage später, am 26. Dezember 1900, ansteuern. Zuvor hatte man auf offener See gewartet, bis die Sicht sich aufklarte und der Wind nachließ, um ein reibungsloses Anlaufen gewährleisten zu können. Die Besatzung der »Hesperus«, einschließlich Joseph Moore, hatten sich mittlerweile ernsthafte Sorgen gemacht, denn von der kleinen Insel war kein Leuchtsignal gekommen. Dass die zuverlässigen Leuchtturmwärter ihrer Pflicht nicht nachkamen, war äußerst ungewöhnlich.

Als die »Hesperus« an der Ostseite andockte, machten sie sich bemerkbar und ließen die Schiffssirene aufheulen, denn normalerweise hätten Marshall, Ducat und McArthur schon auf sie warten sollen, doch niemand erwartete sie am Dock. Auch auf die Sirene folgte keine Reaktion. Es war, als sei die Insel ausgestorben. Die Crew machte sich nun besorgt auf den Weg zum Leuchtturm, um herauszufinden, warum die

Wärter sie ignorierten. Bei dem einzigen Gebäude der Insel angekommen, erwartete sie eine Überraschung. Der Turm war verwaist. Joseph Moore war nun erst recht beunruhigt, denn die Tür des Turms war nicht verschlossen und stand offen. Der Leuchtturm war verlassen. Er rannte zurück zum Schiff und informierte Kapitän Harvie.

Ein Suchtrupp, bestehend aus einer Handvoll Matrosen, erkundete die Insel nach einem Lebenszeichen der drei Männer. Der Rest, angeführt von Joseph Moore, durchsuchte den Turm. Die Ausrüstung war in perfektem Zustand und von den persönlichen Besitztümern war alles noch an Ort und Stelle. Lediglich zwei der drei wetterfesten Jacken und zwei Paar Gummistiefel fehlten. Die Betten waren gemacht, die Teller gespült, doch die Uhren waren stehen geblieben. Die Küche machte den Eindruck, als wäre sie fluchtartig verlassen worden. Vorbereitetes, aber nicht verzehrtes Essen stand herum und ein Stuhl war umgekippt.

Nach einiger Zeit kehrte der Erkundungstrupp wieder, auf der gesamten Insel war außer der Crew keine Menschenseele zu finden. Zudem gab es auch keine Möglichkeiten, sich auf der felsigen, unbewachsenen Insel zu verstecken. Was auch immer mit den Wärtern passiert war, sie mussten die Insel verlassen haben. Die Frage war nur, ob freiwillig oder unfreiwillig. Lebendig oder tot?

Kapitän Harvie meldete dem Festland, dass die drei Wärter verschwunden waren, vermutlich sei den armen Kerlen etwas zugestoßen, fügte er hinzu. Obwohl zunächst von einem Unfall auszugehen war, wurden in den nächsten Wochen dennoch Ermittlungen angestellt.

Die Polizei fand heraus, dass die Leuchtturmwärter am 15. Dezember nachmittags verschollen sein mussten, denn der letzte Logbucheintrag stammte von diesem Tag. Zudem hatte der Kapitän der »S. S. Archer« verwundert zu Protokoll gegeben, dass das Leuchtfeuer ausblieb, als sein Schiff Eilean Mor in der Nacht vom 15. auf den 16. Dezember passierte. Die »S. S. Archer« fuhr von Philadelphia nach Edinburgh und der Kapitän hatte es für eine meldepflichtige Unachtsamkeit der Wärter gehalten, weswegen er es notiert hat. Die Ermittler schlossen, dass das Unglück zwischen dem letzten Logbucheintrag und dem Bericht des Kapitäns über das fehlende Licht passiert sein musste.

DIE LOGBUCHEINTRÄGE

Thomas Marshall, einer der drei Verschollenen, protokollierte Folgendes in dem Logbuch des Leuchtturms. Frei übersetzt schrieb er:

12. Dezember
Ein Sturm zieht aus dem Nordwesten auf, eine sehr unruhige See. Ich habe so einen Sturm noch nicht erlebt, die Wellen sind so hoch, dass sie sogar bis zum Leuchtturm reichen. James Ducat ist gereizt.

(Später am selben Tag)
Der Sturm wütet weiter. Wir können nicht rausgehen,

sehen aber Lichter vorbeifahrender Schiffe und hören das Nebelhorn. Ducat ist mittlerweile still, Donald McArthur weint.

13. Dezember
Sturm beruhigt sich über Nacht. Wind hat gedreht von West nach Nord. Ducat ist still, McArthur betet.

(Später am selben Tag)
Es ist stark bewölkt am Mittag. Wir alle drei beten.

14. Dezember
Kein Eintrag

15. Dezember
13 Uhr. Der Sturm ist endgültig vorbei. Die See ist endlich wieder ruhig. Gott ist überall.

Was passierte mit Ducat, Marshall und McArthur nach diesem letzten Eintrag? Warum beteten sie? Hatten sie Angst, auf der Insel im Sturm zu sterben? Die Tageszeitungen in Schottland spekulierten wie wild über die Logbucheinträge und die Gründe für das Verschwinden der Crew. Zunächst schien es, als hätte sich ein tragisches Unglück ereignet. Man vermutete, die drei Wärter waren draußen von einer Riesenwelle überrascht und ins Meer gespült worden, doch diese These machte bei genauer Betrachtung nur wenig Sinn.

Der Sturm hatte sich, wie von Ducat berichtet, am 15. Dezember wieder beruhigt, auch andere Schiffe und der Wetterdienst bestätigten das. Der Wind war ruhiger geworden und die See gezügelt zum Zeitpunkt des Verschwindens. Von überhohen, gefährlichen Wellen war keine Spur. Wieso sollten außerdem drei erfahrene Seeleute entgegen der Vorschriften handeln und bei hohem Wellengang und Sturm den sicheren Turm verlassen? Zudem waren nur zwei Öljacken verschwunden. War der Dritte etwa ohne Schutzkleidung und ohne Schuhe nach draußen gelaufen? Das Szenario erschien unwahrscheinlich. Was war aber sonst passiert?

Die Polizei kam nicht umhin, über ein Verbrechen nachzudenken. Im Fokus stand dabei McArthur, denn er hatte den Ruf eines Raubeins, eines Kneipenschlägers, der schon öfter Stress mit der Staatsgewalt hatte. War er ausgetickt? Hatte er die beiden anderen umgebracht und war dann Hals über Kopf geflohen? In dem Logbuch wurde beschrieben, dass es ausgerechnet der harte Kerl McArthur war, der während des Sturms geweint hatte. Die andere Frage ist, wieso ausgerechnet Ducat gereizt war. Er hatte vor Moore seinen Landurlaub und hätte dementsprechend ausgeruht sein müssen.

Wie du siehst, gibt es einige Ungereimtheiten in der Geschichte. Was am meisten verwundert: Wieso haben die drei Männer während des Sturms gebetet? Immerhin wurde dies in den Einträgen wiederholt betont. Einer der ermittelnden Inspektoren Robert Muirhead stellte damals fest, dass die drei Leuchtturmwärter als nicht besonders gläubig galten. Die Gottesanspielung am Ende und das ständige Beten hatten auch Bekannte der drei Verschwundenen als unrealistisch eingeschätzt. War der Sturm mit seinen hohen Wellen etwa doch so bedrohlich gewesen, dass die eher atheistisch eingestellte Besatzung des Turms in blinder Verzweiflung zum Gottesglauben bekehrt wurde?

Auch die Theorie, dass die drei Leuchtturmwärter sich abgesetzt hätten, wurde heftig diskutiert. Waren sie untergetaucht? Von einem Schiff aufgesammelt worden? Zwei der drei Männer hatten Kinder, würden sie ihre Familie einfach so zurücklassen? Oder hatten Piraten sie überfallen und gezwungen mitzukommen? Auch das ist unwahrscheinlich, denn die äußeren Hebriden Schottlands sind nicht gerade für Piraten bekannt. Zwar gab es in der Nähe der Insel eine Sichtung von drei Männern in einem kleinen Boot, die auf Rufe des entgegenkommenden Schiffes nicht reagierten. Diese Beobachtungen befeuerten die Spekulationen zwar weiter, doch wurden die Zeugenaussagen nie offiziell bestätigt. Ich halte es in Anbetracht der zurückgelassenen persönlichen Gegenstände für eher unwahrscheinlich, dass die drei fernab der Heimat ein neues Leben anfangen wollten.

Die offiziellen Ermittlungen wurden 1901 ohne Ergebnis eingestellt. Robert Muirhead, ebenfalls erfahrener Seemann und Ermittler in diesem Fall, ging weiterhin von einem tragischen Unfall aus. Einer der Männer sei eventuell von einer der Landungstreppen ins Meer gestürzt, die anderen beiden wären bei dem Versuch, ihn zu retten, ebenfalls ins Meer gerissen worden. Der Sturm hatte zuvor einige Schäden am Turm verursacht – wollten sie diese reparieren und haben sich dabei in Gefahr gebracht? Die Hypothese des Inspektors wurde von den Angehörigen skeptisch aufgenommen. Sie schien deshalb so unrealistisch, da einer der drei ohne Schuhe und ohne Jacke in der Kälte unterwegs gewesen sein musste. Im tiefsten Winter auf einer abgelegenen Insel im T-Shirt statt mit Schutzkleidung rauszugehen, ist nicht nur grob fahrlässig, sondern auch extrem gefährlich. Außer in einer Notsituation würde das keiner tun, erst recht kein routinierter Leuchtturmwärter. War vielleicht einer der Wärter im Turm zurückgeblieben und beobachtete, wie sein Kollege ins Meer fiel? Sprintete er deshalb ohne Kleidung an die Anlegestelle, um dann in die kalten Fluten hinterherzuspringen? Ein mögliches Szenario, das aber unwahrscheinlich klingt. Es waren drei gestandene Männer, die die See wie ihre Westentasche kannten. Sollten allen drei gleichzeitig solche Amateurfehler passieren?

Es gab da aber noch weitere Seltsamkeiten. Während die Ermittler zunächst die Wetterlage am 15. Dezember 1900 kontrolliert hatten und es dort ruhig gewesen sein soll, wie im Logbuch geschildert, überprüften sie auch die Wellengänge am 12., 13. und 14. Dezember. Das Ergebnis verblüffte, denn entgegen der Einträge von Marshall hatte es zumindest auf den Nachbarinseln keinen Sturm gegeben, wie die Wetterstation beweisen konnte. Auch vorbeifahrenden Schiffen war nichts von einem Sturm einer Größenordnung aufgefallen, von dem Marshall behauptete, so etwas »noch nie erlebt« zu haben.

ODER WAR ES DOCH DER PERFEKTE MORD?

Die Medien in Schottland stürzten sich auf die Geschichte, es wurden die absurdesten Theorien aufgestellt und publiziert. Vom Angriff eines Geisterschiffes bis zur Entführung durch Außerirdische wurde nichts ausgelassen. Als wahrscheinlichste und rationalste Erklärung gilt der sogenannte Lagerkoller, der einen der drei befallen haben könnte. Der Lagerkoller ist ein psychologisches Phänomen, das vor allem bei eingesperrten Gruppen auftritt. Der Betroffene bekommt aufgrund der räumlichen Enge Halluzinationen und leidet an Wahnvorstellungen. Es ist möglich, dass während des tobenden Sturms im kleinen Turm einer der Wärter davon heimgesucht wurde. Möglicherweise verlor er die Kontrolle, tötete seine Kollegen und schmiss die Leichen ins Meer. Entweder entkam er von der Insel oder sprang im Wahn selber in die Fluten und beging Selbstmord.

Eine andere Theorie stützt sich auf ein Naturphänomen. Früher wurden Seemänner belächelt, wenn sie in der Hafenkneipe von sogenannten Kaventsmännern sprachen. Heute nennt man Monsterwellen in der Fachsprache »Freakwaves« und sie werden längst nicht mehr als Seemannsgarn abgetan, sondern sind wissenschaftlich anerkannt. Die Erklärung für die teils über zwanzig Meter hohen Wellen, die auf offener See selbst große Schiffe zum Sinken bringen können, ist zum derzeitigen Zeitpunkt noch nicht zu hundert Prozent wissenschaftlich geklärt. Sie haben einen enormen Druck und entstehen oft in kürzester Zeit. Treffen sie in hohem Tempo auf ein Boot, ist das mit großer Wahrscheinlichkeit ein Todesurteil für die Besatzung. Die Monsterwellen sind gefürchtet, auch wenn sie nur selten vorkommen.

Wäre es denkbar, dass eine solche »Freakwave« über die Insel Eilean Mor schwappte? Die drei Wärter wären von der Riesenwelle überrascht worden und könnten von einem Felsen ins Meer geschwemmt worden sein. Sie hätten keine Zeit gehabt, eine solche Welle ins Logbuch einzutragen, denn wie gesagt, tauchen die Monsterwellen ohne vorherige Warnzeichen auf. Die Leichen wären in diesem Szenario unauffindbar, weil sie ins Meer gespült wurden. Die Theorie mag also logisch erscheinen. Sie erklärt allerdings immer noch nicht, warum einer der drei ohne Ausrüstung draußen war.

Die Logbucheinträge wirken auf mich unglaubwürdig. Wieso sollten drei nicht gläubige Seemänner bei einem Sturm beten, bei dem sie in einem sicheren Leuchtturm untergebracht waren? Auf offener See in einem kleinen Boot mag so etwas lebensgefährlich sein, doch der Turm war gesichert und auf dem höchsten Punkt der Insel errichtet. Selbst eine Monsterwelle würde es nicht schaffen, den Turm zum Einsturz zu bringen. Wovor also hatten sie Angst? Oder wurden die Einträge etwa im Nachhinein gefälscht, aus welchem Grund auch immer? Vielleicht von dem Mörder unter den drei?

Heute funktioniert der Leuchtturm automatisch, kein Mensch muss mehr auf der unwirtlichen Insel sein Leben verbringen, doch die Legende der drei verschollenen Wärter wird Eilean Mor noch lange beschäftigen. Spätere Leuchtturmwärter erzählten, dass sie oft von Wahnvorstellungen heimgesucht wurden, die die drei verschollenen Männer beinhalteten. Sie hätten zum Beispiel ihre Stimmen im Wind gehört.

Zu Beginn dieses Kapitels hatte ich bereits den perfekten Mord erwähnt, und welcher Ort wäre dafür besser geeignet als eine von der Zivilisation vollkommen abgeschiedene Insel, wo es außer Seemöwen keine Zeugen des Verbrechens gibt. Zudem liegt das Meer vor der Haustür, und so kann der Täter die Spuren im wahrsten Sinne des Wortes reinwaschen. Während man Flüsse oder Seen vergleichsweise recht leicht durchsuchen kann, ist die Suche nach einer Leiche, die man mit Gewichten auf den Meeresboden geschickt hat, wahrscheinlich schwieriger als die berühmte Suche nach der Nadel im Heuhaufen. Es läuft mir eine Gänsehaut über den Rücken, wenn man sich das Szenario vorstellt, dass ein Leuchtturmwärter die anderen im Wahn heimtückisch ermordete und sie in der See versenkte. Diese Insel und die Einsamkeit scheinen definitiv wahnsinnig zu machen, doch ob es den perfekten Mord auf Eilean Mor gab, werden wir wahrscheinlich nie erfahren, aber sonst wäre es ja auch kein perfekter Mord.

9

DER DJATLOW-PASS

Neun junge Wanderer sterben bei einer Expedition ins russische Gebirge. Alles deutet auf einen Unfall hin – bis ihre Leichen obduziert werden.

Ich würde mich selbst schon als Abenteurer bezeichnen. Ich liebe es zu verreisen, neue Orte zu erkunden und abseits touristischer Attraktion meine eigenen Sehenswürdigkeiten zu entdecken. Bisher habe ich große Expedition wie eine Besteigung des Mount Everests oder eine Wanderung entlang des Amazonas noch gemieden. Mir fehlt, wie ich ehrlich gestehen muss, noch der Mut dazu.

Ich habe Respekt vor Leuten, die ihr Leben in Extremsituationen aufs Spiel setzen. Denn jede Expedition, egal wie gut geplant, birgt auch eine gewisse Gefahr. Wenn man draußen in der Wildnis ist, kann es jederzeit zu unvorhersehbaren Situationen kommen, die alles innerhalb von Sekunden verändern. Ein Steinschlag, eine Lawine, ja schon ein Gewitter kann einen harmlosen Ausflug in einen Kampf ums Überleben verwandeln. Vor fast 60 Jahren verlor eine Gruppe aus neun erfahrenen Wanderern diesen Kampf. Doch gegen wen oder was sie kämpften, ist bis heute eines der größten Rätsel der russischen Geschichte.

Es waren zehn junge Menschen aus dem heutigen Jekaterinburg, die Lust hatten, bei einer Skitour dem Alltag zu entfliehen und ein Abenteuer zu erleben. Acht Männer und zwei Frauen, überwiegend Studenten der Technischen Universität aus Jekaterinburg, zogen also in Richtung Ural-Gebirge. Sie waren alle erfahrene Wanderer, hatten bereits lange Skitouren hinter sich. Die meisten kannten sich gut, sie waren ein bunter Haufen, Anfang zwanzig, motiviert und ehrgeizig. Der Anführer der Gruppe, Igor Djatlow, hatte die neueste Expedition exakt geplant. Diesmal sollte es zu dem Berg

Otorten gehen, die Route wurde zu dieser Jahreszeit als extrem schwierig eingestuft. Vierzehn Tage hatte die Gruppe für ihre Mission einkalkuliert. Unvorhersehbare Schneestürme und Lawinen konnten selbst die besten Planungen zunichtemachen. Noch ein kleines, aber wichtiges Detail: Der Name des Bergs »Otorten« bedeutet in der Sprache des dort ansässigen indigenen Volks der Mansen »Berg der Toten«. Ein Name, der seinem Ruf alle Ehre machen sollte ...

Igor Djatlow und seine tapfere Truppe ließen sich von keinem Namen oder Ruf einschüchtern, denn sie hatten ein klares Ziel, und keiner der zehn zweifelte daran, dass sie es auch diesmal erreichen würden. Zunächst ging es mit dem Zug nach Iwdel, einer kleinen 17 000-Seelen-Gemeinde irgendwo im russischen Nirgendwo. Von dort fuhren sie mit einem Laster weiter in die in nördlicher Richtung letzte bewohnte Siedlung Wischai, einem Ort, an dem die Zeit quasi stillsteht. Hier, in der letzten zivilisierten Bastion vor der unberührten Wildnis, begann der Aufstieg mit den Skiern.

Es dauerte nicht lange, da musste der Erste schon wieder umkehren. Juri Judin war bereits angeschlagen gestartet und hatte gemerkt, dass es krankheitsbedingt keinen Sinn mehr machte, die Tour fortzusetzen. Er wollte die Gruppe nicht unnötig aufhalten, also opferte er sich. Genervt kehrte er nach Wischai zurück. Er konnte nicht ahnen, dass eine dumme, nervige Erkältung ihm das Leben retten würde.

Nachdem der einzige Überlebende sich verabschiedete, fehlen natürlich die Zeugen dieser Geschichte. Was von nun an passierte, haben die Ermittler aus verschiedenen Tagebucheinträgen der Gruppe konstruiert. Die restlichen neun hielten sich zunächst genau an den Plan. Pünktlich am letzten Tag des Januars überquerten sie die Grenze zum Hochland. Sie errichteten in einer kleinen Absenkung ein Depot für Vorräte, die sie auf ihrem Rückweg brauchen würden. Der dichte Wald in diesem Gebiet bot dem provisorischen Speicher genügend Schutz vor dem Schnee. Zufrieden machte sich die Gruppe einen Tag später bereit zum Aufstieg. Sie waren gut in der Zeit und wollten nun den vor ihnen liegenden Gebirgspass überqueren.

Hier suchte sie zum ersten Mal das Pech heim. Dichte Schneestürme drängten sie von ihrer Route ab. Kaum einen Meter weit konnte man sehen und so passierte die Gruppe den Gebirgspass viel weiter westlich als eigentlich geplant. Der Sturm hatte sie in Richtung des Berges Cholat Sjachl abgedrängt. Djatlow, der Anführer, erkannte die Lage jedoch schnell und befahl, das Lager für die Nacht an einem Berghang aufzubauen. Seine Leute errichteten die Zelte und man wollte sich zunächst ausruhen, bis sich die Sicht aufklaren würde. Hier gibt es bereits erste kritische Stimmen der Ermittler. Die erfahrenen Bergsteiger hätten wissen müssen, dass es sehr gefährlich war, ein Lager direkt an einem Hang zu errichten. Das abfallende Gelände birgt viele Risiken. Nicht auszudenken, wenn eine Lawine die schlafende Gruppe überraschen würde. Sie verfügten über genug Expertise, um diesen Umstand zu erkennen, warum taten sie es trotzdem?

Experten vermuten, Djatlow wollte seiner Gruppe die Zeit ersparen, am nächsten Tag wieder aufsteigen zu müssen, und deshalb wollte er keine hart erkämpften Höhenmeter verlieren. Andere meinen, er wollte diese Extremsituation in der Praxis einstudieren und üben. Hier hören die letzten Tagebucheinträge der Mitglieder auf. Was danach passierte, konnte in fast 60 Jahren niemand lückenlos aufklären.

In Wischai wunderte man sich nicht wirklich, als am 12. Februar die Gruppe nicht wieder eintraf. Der örtliche Skiverein sah keinen Grund, direkt die Suche zu starten. Warum auch? Es war nicht unüblich, dass solche Expeditionen sich verspäteten. Doch als acht Tage später noch kein Lebenszeichen von Djatlow und seinem Gefolge eingetroffen war, wurden die Angehörigen langsam nervös und machten Druck. Zunächst wurde eine freiwillige Truppe losgeschickt, doch schon bald wurde sie durch das Militär und eine Delegation der Mansen, die sich in der Gegend bestens auskannten, unterstützt. Am 26. Februar fand man das Zelt am Berghang. Von den Wanderern fehlte jedoch jede Spur. Stattdessen bot sich dem Suchtrupp ein verstörendes Bild. Das Zelt war von innen aufgeschlitzt worden. Vorräte und Ausrüstung hatte man im Zelt zurückgelassen. Was war passiert? Wieso hatte die Truppe das Zelt so fluchtartig verlassen, dass nicht mal Zeit war, es regulär zu öffnen?

Die Suche nach den Leichen dauerte nicht lange. Fußspuren von acht bis neun Personen führten die Ermittler zu einem Wald, der etwa 1400 Meter von dem Zelt entfernt lag. Die vermisste Gruppe musste den Hang bis zur Baumgrenze hintergerannt sein, zu der Stelle, an der die Bewaldung des Berges wieder anfing. Das Mysteriöse bei dieser Flucht war, dass die meisten Studenten ihre Schuhe und Ausrüstung im Zelt gelassen hatten. Sie waren also barfuß und spärlich bekleidet aus dem sicheren Schutzort geflohen. Was nur könnte einen Menschen zu einer derart irrationalen Entscheidung bewegt haben? Stellt euch vor, ihr rennt bei Minusgraden ohne Kleidung durch die russischen Berge. Wenn man nicht gerade Angst um sein Leben hat, macht man das nicht freiwillig. Wurden sie also angegriffen und mussten innerhalb von Sekunden fliehen und hatten deshalb nicht mehr die Zeit, sich etwas anzuziehen? Eine logische Erklärung, doch die Ermittler fanden keinen Hinweis darauf, dass fremde Personen anwesend waren. Auch über einen gruppeninternen Streit wurde nachgedacht, doch auch dafür lag kein Beweis vor. Es blieb ein Rätsel.

Unter einer groß gewachsenen Pinie wurden die ersten beiden Toten entdeckt, sie waren bis auf die Unterhose ausgezogen. Daneben befand sich eine von der Gruppe hinterlassene Feuerstelle. Ein Ast der Pinie war abgebrochen und die russischen Medien spekulierten, einer der Wanderer könnte versucht haben, den Baum zu erklimmen. Der Versuch war offensichtlich misslungen.

Die Fußspuren aus dem Zelt führten nicht zu den Leichen, sie hörten auf zwei Drittel der Strecke vom Zelt bis zum Fundort auf. Ein weiterer mysteriöser Zufall oder hatte schlicht und ergreifend Neuschnee den letzten Teil der Fußabdrücke verdeckt? Drei weitere Leichen wurden im unmittelbaren Umfeld entdeckt. Darunter war auch Djatlow, der Anführer der Gruppe. Es schien so, als wären diese drei Personen auf dem Weg zurück zum Zelt gewesen.

DIE OBDUKTION

Die anderen Wanderer fand man zunächst nicht, und die Obduktion der ersten fünf Toten konnte nicht klären, was wirklich passiert war. Äußere Verletzungen wiesen Djatlow und sein engster Kreis nicht auf. Es gab keine Anzeichen für einen Kampf. Einer der Toten hatte einen Schädelriss, doch die Mediziner waren sich sicher, dass dieser nicht ausschlaggebend für seinen Tod war. Ein Sturz als Ursache wäre eine denkbare Möglichkeit. Einer der Wanderer soll ja versucht haben, auf den Baum zu klettern – vielleicht stammte die Verletzung von dem Absturz. Aus Mangel an anderen Indizien legten die Ermittler als Todesursache Erfrieren fest. Vielleicht waren die Wanderer aufgrund von Wahnvorstellungen nachts unbekleidet in den Schnee gerannt und erfroren. Dass man in Extremsituationen unter Adrenalin und enormer Kälte halluzinieren kann und vielleicht eine imaginäre Gefahr sieht, mag vorkommen. Gerade unter Bergsteigern, die unmenschlicher Kälte ausgesetzt sind, ist so ein Phänomen recht gut bekannt. Dass es allerdings bei neun erfahrenen Wanderern gleichzeitig einsetzt, ist trotz aller Wahrscheinlichkeit quasi unmöglich.

Die Theorie der Ermittler wurde auch schnell ad acta gelegt, als man die fehlenden vier Leichen zwei Monate später fand. Sie lagen in einer Schlucht unter einer dreieinhalb Meter hohen Schneeschicht verborgen, weshalb man sie zunächst nicht entdeckt hatte. Der neue Fundort war von den restlichen Leichen nur wenige Hundert Meter entfernt. Doch dieses Mal gerieten die Ermittler ins Staunen und Grübeln, als sie die Todesursachen feststellten. Die Leichen unterschieden sich gehörig von den anderen.

Die letzten vier Toten waren nicht erfroren, sie waren Opfer eines gewaltsamen Todes geworden. Bei den Leichen der Expeditionsmitglieder Alexander Kolewatow und Ljudmila Dubinina stellte man Rippenbrüche fest. Dubinina fehlte außerdem die Zunge. Ein anderer Toter war Opfer einer Schädelfraktur geworden. Warum waren die vier Toten überhaupt an einer anderen Stelle gefunden worden? Die Ermittler vermuteten, die vier seien weitergerannt, hatten versucht, trotz einsamer Wildnis Hilfe zu holen oder wegzulaufen, vor was oder wem auch immer. Sie waren zudem wärmer angezogen als die erste Gruppe und hatten anscheinend sogar Kleidung der vorherigen Toten an sich genommen. Ihre Flucht endete in der Schlucht abrupt, in die sie hineingefallen sein könnten. Was dort passierte, ist bis heute ungeklärt. Die ersten Theorien wurden von Einheimischen verbreitet, die vermuteten, dass die Gruppe Opfer der Mansen geworden war. Die Mansen waren das Urvolk, das in dieser Region zu Hause war und von einigen Russen kritisch beäugt wurde. Heute gibt es nur noch geringe Überbleibsel des einst stolzen Volkes. Einige Familienzweige sind bereits völlig ausgelöscht.

Hatte also eine Gruppe der Mansen die Wanderer gejagt und getötet? Es klingt zunächst denkbar, bei einer genauen Betrachtung allerdings wird diese Theorie aber schnellstens widerlegt. Erstens war der Standort des Zeltlagers kein heiliger Ort der Mansen, den sie gegebenenfalls vor Feinden verteidigt hätten. Zum anderen war das Mysteriöse an dieser

Obduktion, dass die Opfer der zweiten Gruppe allesamt Zeichen von schweren inneren Verletzungen aufwiesen, äußerlich aber sah man ihnen kaum Spuren gewaltsamer Anwendung an.

Ein Angriff der Mansen wäre mit primitiven Waffen wie Pfeilen und Speeren erfolgt. Keine Einschlagspuren fand man an den Toten und selbst wenn die Mansen dahintergesteckt hätten, wie hatten sie die erste Gruppe umgebracht?

Als die Wissenschaftler die Leichen ein weiteres Mal untersuchten, stellten sie etwas fest, das den ganzen Fall auf ein anderes Level hob. Kurz gesagt: Kein Mensch der Welt hätte die Macht, diese Verletzungen hervorrufen zu können, weil »die Kraft der Stöße zu stark war und keine Weichteile verletzt wurden«. »Die Heftigkeit der inneren Verletzungen würde man vielleicht bei einem Autounfall erwarten«, war das Fazit von Boris Vozrozhdenny, einem der Ärzte. Äußerlich wirkten die Opfer bis auf leichte Schrammen unversehrt. Die inneren Verletzungen wie die Schädelfraktur und die gebrochenen Rippen müssten somit durch eine starke Druckeinwirkung entstanden sein. Es musste also etwas anderes dahinterstecken. Und wenn es kein Mensch war, was war es dann?

Der Geigerzähler des Chefermittlers Lev Ivanov spielte am Fundort der Leichen verrückt. Alle Kleidungsstücke der Toten waren radioaktiv belastet. Doch woher kam die radioaktive Strahlung mitten im Nirgendwo? Natürlich gab es zunächst Theorien von Aliens oder einem geheimen Militärtest, dem die Wanderer zum Opfer gefallen sein könnten, doch dazu später mehr. Als die Verstorbenen nach ausgiebiger Untersuchung endlich beerdigt werden sollten, stellten die Angehörigen fest, dass die Haut der Toten unnormal gebräunt aussah und die Haare im Kontrast dazu komplett ergraut waren. Ein deutliches Zeichen von radioaktiver Belastung.

Die Quelle dieser radioaktiven Strahlung wurde von den Ermittlern nicht gefunden. Oder sollte sie gar nicht gefunden werden, weil vielleicht der Geheimdienst dafür verantwortlich war? Dafür würde sprechen, dass der Chefermittler zugab, dass es von höheren Beamten Druck gab, die Ermittlungen in bestimmte Richtungen nicht weiterzuführen.

Ende 1959 wurden die Untersuchungen dann endgültig eingestellt. Man hatte nur Opfer, aber keine Täter. Die Akten wurden unter Verschluss behalten und erst in den Neunzigerjahren wieder veröffentlicht, doch es fehlten einige der interessantesten Seiten und somit erfuhr man kaum etwas relevantes Neues. Im Laufe der Jahrzehnte und vor allem durch den Aufstieg des Internets tauschten sich nicht nur Russen oder Angehörige über den Fall aus. Er wurde Kult und später sogar von Hollywood verfilmt. In einschlägigen Foren wurde in jeder Sprache der Welt diskutiert, was den tragischen neun in jener dramatischen Nacht zugestoßen sein könnte. Ich will euch die bekanntesten Theorien vorstellen.

Vorneweg: Es gibt keine Theorie, die nicht mindestens eine Schwachstelle aufweist, aber genau das macht dieses Rätsel so interessant für mich. Ich beginne mit der einfachsten und unspektakulärsten Theorie, die aber deshalb nicht falsch sein muss. Eine Lawine hat die Expedition in ihrem Zelt überrascht. Sie hatten das Lager, wie bereits erwähnt, an einer ungünstigen Hanglage platziert. Zunächst waren sie zugeschüttet und in Todesangst schlitzten sie das Zelt von innen auf und stürmten nach draußen. Durch die enorme Kälte unter der Lawine litten die Wanderer unter extremer Hypothermie. Sie waren so unterkühlt, dass es zu einer paradoxen Reaktion des Körpers kam. Es wird einem auf einmal extrem heiß, dass man sich weiter auszieht, obwohl man schon unterkühlt ist. Der Körper spielte den Studenten einen Streich. Das könnte die Flucht in Unterhose und barfuß erklären. Sie waren vielleicht psychisch so am Ende, dass sie sich eine Verfolgung einbildeten, bis einer sogar versuchte, panisch auf einen Baum zu klettern.

Die Gruppe splittete sich auf, ein Teil fiel in die Schlucht, zog sich beim Sturz die Verletzungen zu und die anderen starben an Unterkühlung. Ein relativ normales Szenario, ganz ohne Geheimdienste, Aliens oder den Yeti. Nur leider erklärt es nicht die radioaktive Strahlung, die inneren Verletzungen der Opfer, die fehlende Zunge und sie ignoriert den Fakt, dass unmöglich so viele erfahrene Teilnehmer gleichzeitig unter Halluzinationen gelitten haben können.

Die nächste Theorie ist das exakte Gegenteil. Es gab einen Eingriff des Geheimdienstes oder einer außerirdischen Macht. Die radioaktive Strahlung muss irgendwo ihre Quelle gehabt haben. Wurde in Zeiten eines beginnenden Kalten Krieges in dieser menschenleeren Region eine geheime Waffe getestet? Sind die Wanderer zufällig in ein Experiment geraten und nachher hatte man versucht, daraus einen Unfall zu basteln?

Oder waren wirklich Außerirdische dafür verantwortlich? UFO-Begeisterte aus aller Welt halten diesen Vorfall für einen der griffigsten Beweise, dass extraterrestrisches Leben existieren könnte. Doch worauf stützt sich die Theorie? Es gab noch eine zweite Gruppe von Wanderern, die etwa 50 Kilometer südlich von der Djaltow-Expedition unterwegs war. Die Mitglieder, die im Gegensatz zu der Djatlow-Gruppe ihren Ausflug überlebt hatten, berichteten, dass sie in der Nacht, als das Unglück passierte, orangefarbene Kugeln am Nordhimmel beobachten konnten. Sie hatten dafür keine rationale Erklärung. Weitere Augenzeugen aus Iwdel und Umgebung meldeten sich, dass sie diese orangefarbenen Kugeln ebenfalls gesichtet hatten. Selbst die Mansen, dass eigentlich abgeschottete Volk, meldete sich zu Wort. Sie berichteten, dass vor über 200 Jahren ebenfalls neun ihrer Männer gestorben waren, an exakt demselben Berg, weshalb er seinen Namen »Berg der Toten« bekam. Auch sie berichteten von immer wiederkehrenden Leuchtphänomenen. Forscher der Regierung lieferten eine simple Erklärung. Die mysteriösen orangefarbenen Lichtkugeln seien in Wirklichkeit der Schweif von Interkontinentalraketen. Die Studenten hatten diverse Fotos gemacht, als sie noch lebten, die Abzüge davon liegen heute gesichert in einem Tresor in der Asservatenkammer. Die mysteriösen Himmelskugeln, so besagen unbestätigte Gerüchte, sollen auch darauf zu sehen gewesen sein.

Musste die Gruppe sterben, weil sie einem Test des russischen Geheimdiensts zu nahegekommen war? Hat der berüchtigte KGB sie ermordet? Oder waren es Außerirdische, wie sich viele Ufologen sicher sind, die die Wanderer vielleicht aus Versehen getötet haben? Ich bin kein Anhänger der UFO-Theorie, da ich nicht glaube, dass Aliens bisher in geheimer Mission auf der Erde unterwegs waren. Die Geheimdiensttheorie macht da schon mehr Sinn für mich. Nehmen wir an, die Studenten hätten etwas gesehen oder fotografiert, dass sie nicht hätten sehen sollen. Einen Raketentest, eine radioaktive Waffe oder Ähnliches. Dem Geheimdienst wäre keine andere Möglichkeit geblieben, als die zufälligen Zeugen umzubringen.

Aber hätten die Agenten die Situation dann nicht eleganter gelöst, indem sie einen Lawinenunfall oder einen Mansen-Angriff vorgetäuscht hätten? Keiner hätte mehr lange über den Djatlow-Vorfall nachgedacht, wenn man es für einen klaren Unfall gehalten hätte. Stattdessen so ein mysteriöses Todesszenario zu inszenieren, wäre doch nicht im Sinne eines Geheimdiensts? Sie hätten es leise und ohne Medienaufmerksamkeit lösen wollen und ich bin mir sicher, dass sie die Mittel dazu gehabt hätten.

Der Yeti, eine alte Sagengestalt ähnlich dem Bigfoot, wurde auch verdächtigt. Beweise für das Fabelwesen wurden bisher keine erbracht, aber es gibt einige Bergsteiger, die darauf schwören, der Yeti würde existieren. Einer jener toten Studenten hatte in seinem Tagebuch wenige Tage, bevor sie starben, festgehalten, dass sie sich sicher seien, dass der Yeti wirklich existiere. Sie hätten ihn gesehen und es soll sogar ein verwackeltes Foto von ihm existieren. War es also die Sagengestalt, die die Wanderer zur Flucht aus dem Zelt zwang und später die Überlebenden mit einer Kraft tötete, die für

Menschen unmöglich war? Ich glaube weder an Aliens auf der Erde noch an mystische Wesen, und selbst wenn die Erklärung verlockend und spannend klingt, scheidet sie für mich aus.

Im Internet existieren wilde Theorien. Es gibt einige User, die vermuten, die Gruppe hätte nie lebend das Dorf verlassen und der ganze Vorfall sei inszeniert worden. Andere verdächtigen gar Juri Judin, der geschwächt die Expedition kurz vor den tödlichen Ereignissen verließ. War er wirklich umgekehrt? Oder hat er etwas mit dem Verschwinden zu tun? Die Bewohner des Dorfes Wischai bestätigten seine Rückkehr, sodass diese wie viele andere Theorien schnell wieder widerlegt wurde. Es gab auch die Vermutung, dass die Studenten einem satanischen Ritual zum Opfer gefallen waren, aber man fand keine Spuren von Fremden am Tatort. Wenn es Menschen waren, die hinter dem Tod der Wanderer steckten, dann hatten sie ihre Spuren penibel verwischt. Dies spricht wiederum für den Geheimdienst.

Ein amerikanischer Autor glaubt hingegen, die Lösung gefunden zu haben. Ihm zufolge sollen die Fallwinde am Djatlow-Pass einen Ton erzeugen, der im Infraschallbereich liegt, also für uns Menschen nicht bewusst hörbar ist. Dieses Geräusch nehmen wir aber unterbewusst wahr und es soll die Wanderer verrückt gemacht haben, weshalb sie so irrational gehandelt haben. Aber auch Fallwinde und Infraschall erklären nicht die inneren Verletzungen und die radioaktive Strahlung.

Die letzte Theorie ist ein gruppeninterner Streit. Gab es

im Zelt eine Meuterei, hat sich die Gruppe geteilt? Rannten Djatlow und vier seiner engsten Leute zur Baumgrenze, um sich vor den anderen vier zu verstecken? Ist das der Grund, warum die später gefundenen Studenten weiterzogen und teilweise die Kleidung der Toten trugen? Auch diese Theorie macht wenig Sinn, es gab keine Kampfspuren. Und warum haben sich die vier Meuterer nach ihrem erfolgreichen Angriff nicht ins warme Zelt zurückgezogen, sondern liefen weiter in ihren eigenen Tod?

Dieser Fall wird wahrscheinlich nie mehr gelöst werden, was wirklich schade ist. Der Pass, an dem die Studenten starben, wurde nach ihrem Anführer Djatlow benannt. Eine schöne Geste, die ihn aber auch nicht wieder lebendig macht. Ich glaube nicht an eine rein natürliche Ursache, ich bin der festen Überzeugung, dass es eine Fremdeinwirkung gegeben haben muss. Ich frage mich, ob es jemanden Lebenden auf der Welt gibt, der weiß, was wirklich geschehen ist, der dabei war, als die Wanderer schreiend aus ihrem Zelt um ihr Leben rannten. Jemand, der Licht ins Dunkel bringen könnte und der vielleicht schon längst etwas sagen wollte. Er sollte sich beeilen, denn bald werden alle Zeitzeugen tot sein, und die wahre Geschichte der tapferen neun um ihren Anführer Igor Djatlow wird niemals erzählt werden.

10
AUF UND DAVON

Ein Norddeutscher gerät im Urlaub in eine Schlägerei. Danach fühlt er sich verfolgt. Und verschwindet nach einem Arztbesuch spurlos.

Gegenstände können leicht verschwinden. Der Kugelschreiber, der wie von Geisterhand nicht mehr auf dem Schreibtisch liegt, oder die Brieftasche, die wir doch jeden Tag auf die Kommode legen, ist auf einmal nicht mehr da. Doch genau so schnell wie Gegenstände auf mysteriöse Weise verschwinden, tauchen sie oft auch wieder auf und man empfindet eine gewisse Erleichterung. Menschen verschwinden nicht so einfach, und wenn doch, dann hat das natürlich eine ganz andere Dimension. Wenn eine Person von einem Tag auf den anderen wie vom Erdboden verschluckt ist, löst das bei der Familie und anderen nahestehenden Personen ein Gefühlschaos aus, das sich Unbeteiligte selbst mit großer Fantasie nicht vorstellen können. Das Hoffen und Bangen ist auf Dauer unerträglich. An der Ungewissheit, was mit der geliebten Person passiert ist, kann selbst die stärkste Familie zerbrechen. Manchmal kann es leichter zu ertragen sein, wenn sich der schlimmste Verdacht bestätigt, als nie mit einer Sache abschließen zu können. Um diese quälende Ungewissheit geht es in der folgenden Geschichte. Sie handelt von einem verschollenen jungen Mann und einer extrem starken Frau, die nichts unversucht lässt, um ihn zu finden.

Der Fall Lars Mittank hatte mich sofort gefesselt. Bei der Recherche für eines meiner Videos stieß ich auf das Schicksal des damals 28-jährigen Norddeutschen, der zum Zeitpunkt der Veröffentlichung dieses Buches bereits seit knapp vier Jahren verschwunden war. Vermisstenfälle in Deutschland kommen gar nicht so selten vor. Die meisten sind allerdings keine Verbrechen. Teenager reißen von zu Hause aus, Menschen, die viele Schulden haben, tauchen unter oder der Ehemann brennt mit seiner Geliebten durch. Das sind die absoluten Klassiker. Aus diesem Grund nimmt die Polizei nur selten Ermittlungen auf, wenn eine Person weniger als 24 Stunden verschwunden ist. Das Drama, das sich um Lars Mittank abspielte, ist allerdings ohne Übertreibung der für mich mysteriöseste Vermisstenfall der Welt.

Lars ist ein gut aussehender, junger Mann. Er arbeitet schichtweise in einem Kraftwerk in Wilhelmshaven und hilft seiner Familie, wo er kann. Rührend unterstützt er seine Mutter bei der Pflege seines Vaters, der einen Schlaganfall erlitten hatte. Mit ein paar seiner Kumpels beschließt er im Juli 2014 eine Woche Urlaub in Bulgarien am Goldstrand zu machen. Der Touristenmagnet nahe der Stadt Varna ist ein erschwingliches Reiseziel und deswegen gerade bei jungen Leuten beliebt. Der Urlaub verläuft genau so, wie ihn sich die Clique vorgestellt hat: Sonne, Party, Spaß haben. Erst im Nachhinein fällt Lars' Freunden etwas an seinem Verhalten auf, das ihnen zur damaligen Zeit noch nicht ungewöhnlich vorkam. Der überzeugte Sportler isst kaum etwas. Obwohl die Männer all-inclusive im Hotel gebucht haben, begnügt sich Lars meistens mit einer Suppe oder einem kleinen Salat. Das Frühstück lässt er oft ausfallen. Hat das bereits mit seinem späteren Verschwinden zu tun?

Zu diesem Zeitpunkt befindet sich Bulgarien, wie der Rest der Welt, im Fußballfieber. Die Weltmeisterschaft in Brasilien ist in vollem Gange. Lars und seine Freunde kehren deshalb jeden Abend in eine Kneipe zum Fußballschauen ein. An diesem Tag spielen die Niederlande gegen Costa Rica. Der

Norddeutsche vertauscht ein paar Fahnen am Tisch und gerät deswegen in einen Konflikt mit anderen Gästen, doch alles bleibt ruhig. Vorerst.

Nach dem Spiel haben seine Freunde noch Hunger, nur Lars ist wie in den Tagen zuvor appetitlos. Während die Jungs in dieser Nacht ein Fast-Food-Restaurant aufsuchen, wartet Lars auf sie alleine draußen. Ein folgenschwerer Fehler.

Die Gruppe kommt gut gelaunt und mit vollem Magen zurück, doch Lars kann diese Freude nicht teilen. Er wirkt panisch, schockiert und erst als seine Freunde ihn fragen, was passiert ist, fängt er an zu reden. »Ich habe einen Schlag aufs Ohr bekommen«, erzählt er. Lars, eigentlich ein recht friedlicher Mensch, war in eine Schlägerei verwickelt. Laut seinen Angaben sollen ein paar Bayern-München-Fans ihn dumm angemacht haben, und Lars, ein eingefleischter Werder-Bremen-Fan, stand natürlich zu seinem Verein. Als der Konflikt zu eskalieren drohte, sollen die gegnerischen Fans einen Bulgaren oder Russen bezahlt haben, damit er Lars schlägt.

Eine ziemlich dubiose Geschichte, wenn ihr mich fragt. Auch Lars' Freunde wissen nicht so recht, was sie davon halten sollen. Dass Lars einen Schlag abbekommen hat, ist unstrittig. Was mir Kopfzerbrechen bereitet, ist die Geschichte mit den Fußballfans. Wieso sollten diese wegen einer harmlosen Streiterei einen Bulgaren bezahlen, Lars zu schlagen? Sie waren zudem in der Mehrzahl und Lars alleine. Wer aber hat Lars dann geschlagen?

Gegen Ende des Urlaubs werden die Schmerzen in Lars' Ohr immer stärker. Langsam kommen ihm Zweifel, ob er so in den Flieger steigen kann. Da er aber klugerweise eine Auslandsreisekrankenversicherung abgeschlossen hat, sucht er zunächst einen bulgarischen Arzt auf. Seine Diagnose ist ein Schock: Trommelfellriss! Fliegen nicht möglich.

Lars muss deshalb wohl oder übel zunächst in Varna bleiben. Seine Freunde bieten ihm an, bei ihm zu bleiben, doch Lars lehnt ab. Er will sich ins Krankenhaus einliefern lassen. Die Jungs fliegen schweren Herzens heim und lassen Lars allein. Natürlich kann ihnen niemand einen Vorwurf machen. Sie konnten nicht ahnen, was passieren würde. Hätten sie Lars aber nicht alleine gelassen, wäre er wohl nicht verschwunden.

Nach dem Arztbesuch fährt Lars mit dem Taxi direkt ins Krankenhaus. Der bulgarische Arzt rät ihm, sich operieren zu lassen, doch Lars ist skeptisch. Er will die Operation lieber in Deutschland durchführen lassen. Ein nachvollziehbarer Gedanke. Dr. Najdenow verschreibt ihm daraufhin das Breitbandantibiotikum Cefcil, das einer Mittelohrentzündung vorbeugen soll. Durch den Verzicht auf eine Operation wird Lars natürlich auch nicht im Krankenhaus aufgenommen. Er braucht daher nun eine Unterkunft. Ein Taxifahrer empfiehlt ihm ein günstiges Hostel in der Nähe und fährt ihn hin. Doch nach dem Einchecken in die Unterkunft verändert sich Lars' Verhalten grundlegend.

Hunderte Kilometer entfernt in Norddeutschland sitzt seine Mutter Sandra Mittank auf heißen Kohlen. Wohl ist ihr bei dem Gedanken nicht, dass ihr Sohn im fernen Bulgarien mit einem Trommelfellriss die Nacht alleine in einem heruntergekommenen Hostel verbringt. Dann kommt unerwartet ein

Anruf von Lars. Mitten in der Nacht. Er fühlt sich in dem Hostel nicht mehr wohl. Nicht mehr sicher. Vor wem oder was er sich fürchtet, erklärt er nicht. Nur beiläufig erwähnt er vier Typen. Während des gesamten Telefonats redet er recht kryptisch. Er will sich draußen verstecken, sagt er. Später wird er seine Sachen packen, das Hostel mitten in der Nacht fluchtartig verlassen und die gesamte Nacht draußen verbringen.

Vor wem hat Lars Mittank Angst gehabt? Wer waren die ominösen vier Typen? Etwa die Fußballfans, die für den Schlag angeblich verantwortlich waren? Aber wie hätten sie ihn finden können? Oder ist Lars etwa in eine Sache geraten, die viel größer ist als angenommen? Geht es hier sogar um die Mafia? Oder ist Lars einfach nur paranoid und leidet unter Verfolgungswahn? Das könnte möglicherweise eine Nebenwirkung des Antibiotikums sein. Dazu passt die Vermutung, die er am Telefon äußerte, dass mit dem Medikament etwas nicht in Ordnung sei. Tatsächlich weist das Antibiotikum Cefcil eine extrem seltene Nebenwirkung auf, die zu dem Verhalten passt. Aber wie gesagt: Sie tritt extrem selten auf. Lars Mittank übersteht die Nacht in seinem Versteck unbeschadet und macht sich am nächsten Tag auf den Weg zum Flughafen.

Er will endlich nach Hause. Wieder ruft er seine Mutter an. Er bittet sie, für einen Bargeldtransfer zu sorgen. Außerdem hat Sandra Mittank ihm einen Rückflug gebucht und ein Busticket besorgt, sodass er, egal auf welchem Wege, endlich die Rückreise antreten und nach Hause kommen kann. Doch Lars redet wieder in Rätseln und sagt einen entscheidenden Satz: »Sie lassen mich nicht fliegen, sie lassen mich nicht fahren.« Bis heute ist nicht klar, wen er damit meinte. Die Mutter denkt zunächst an die Ärzte, die ihn nicht fliegen lassen wollen, doch dann wird sie stutzig. Wieso sollten sie ihn nicht mit dem Bus fahren lassen? Meint Lars womöglich gar nicht die Ärzte, sondern die Typen, von denen er sich verfolgt fühlte? Wo ist er hineingeraten? Hat er etwas gesehen, das er nicht sehen sollte? Der Fall wird mit jeder Sekunde mysteriöser.

Bevor Lars in den Flieger steigt, will er sich jedoch sicher sein und besucht den Flughafenarzt von Varna. In der Praxis will er sein Ohr noch einmal untersuchen lassen, eine zweite Meinung einholen und wissen, ob es mittlerweile vielleicht doch für den Heimflug reicht. Der behandelnde Arzt ist zu dem Zeitpunkt Doktor Kosta Kostow. Er erinnert sich noch sehr genau an das, was an dem Tag, als Lars Mittank verschwindet, in seiner Praxis passiert. Während er mit Lars spricht, platzt plötzlich ein Flughafenmitarbeiter in die Sprechstunde hinein. Lars reagiert, als habe ihn eine Tarantel gestochen. Er sprintet, ohne zu überlegen, aus dem Raum hinaus. All seine Wertsachen, seine Tasche, sein Handy lässt er in der Praxis zurück. Zunächst verfolgt ihn die Überwachungskamera, er rennt erst durch die Flughafenhalle und schließlich aus dem Gebäude heraus. Am Ausgang verlangsamt er kurz den Gang, um dann zu einem hohen Stacheldrahtzaun zu sprinten. Zeugen berichten, wie er diesen erklimmt und auf der anderen Seite verschwindet. Seitdem wurde er nicht mehr gesehen.

Euch wird es wahrscheinlich genau wie mir gehen: Es brennen einem direkt unzählige Fragen unter den Fingernägeln. Etwa diese: Warum ließ Lars all seine Sachen zurück und floh? Der Auslöser war ohne Frage der Flughafenmitarbeiter. Zu ihm gibt es wenige Informationen. Es soll ein normaler Arbeiter gewesen sein, die Ermittlungen der Polizei konzentrierten sich nur geringfügig auf ihn. In meinen Augen könnte das ein Fehler gewesen sein. Zwar beschrieb der Arzt Lars bereits zuvor als unruhig, doch als er den Flughafenmitarbeiter sah, löste das eine Panikreaktion in ihm aus. Der Versuch des Arztes, ihn noch zu beruhigen, scheiterte. Wen glaubte Lars in dem Arbeiter zu erkennen? War es vielleicht einer der Typen, die ihn verfolgten? Stand er in Zusammenhang mit denen? Sollte er ihm auflauern? Ihm drohen? Oder war es wirklich nur ein ganz normaler Arbeiter? Interessant ist auch, dass auf der Überwachungskamera Lars niemand folgt.

Ich finde sein Verhalten insofern irrational, da in meinen Augen der Flughafen einer der sichersten Orte überhaupt ist. Wir alle kennen die Sicherheitskontrollen, das Security-Personal und die Polizeipräsenz an europäischen Flughäfen. Zudem ist das gesamte Gelände videoüberwacht. Wenn Lars Angst um sein Leben hatte, dann wäre der Eingangsbereich eines gesicherten Flughafens doch der beste Ort, um zu überleben. Oder war Lars so in Panik, dass er nicht mal mehr der örtlichen Polizei über den Weg traute? Bulgarien ist sicherlich ein Land, das unter Verdacht steht, bis in die höchsten staatlichen Reihen korrupt zu sein. Doch die Mafia-Theorie klingt mir zu sehr nach einem James-Bond-Film. In der Realität sind die Gegebenheiten dann doch oft einfacher gestrickt als in einem Thriller.

Die nächste Frage ist einfacher zu beantworten: Wohin verschwand Lars? Hinter dem Stacheldrahtzaun befand sich damals ein Sonnenblumenfeld. Dieses wurde von einer Autobahn begrenzt. Lars war also über das Feld geflohen, wahrscheinlich bis zur Straße. Und dann? War er getrampt? Wieso meldete er sich nicht mehr? Wieso ging er nicht zur Polizei? Er hatte kein Handy, nichts zu essen.

Seine Mutter tat alles, um ihren Sohn zu finden. Die bewundernswerte Frau reiste nach Bulgarien, trat im dortigen Fernsehen auf. Sein Foto wurde landesweit gezeigt, doch es gab keine brauchbaren Hinweise. Lars blieb verschollen. Seit seiner Kletteraktion über den Zaun ist er vom Erdboden verschluckt. Ein Mensch kann sich natürlich nicht in Luft auflösen. Es existieren im Internet unzählige Theorien, was mit Lars passiert sein könnte. Einige rechnen mit einer Amnesie, dass Lars nicht mehr weiß, wer er ist. Seitdem, so glauben einige, irrt er durch das Land und lebt auf der Straße. Es tauchte kurze Zeit später ein Foto eines Landstreichers auf, der Lars ähnlich sah. Leider war das dann ein anderer Vermisster.

EINBILDUNG ODER REALE GEFAHR?

Die spannendste Frage in dieser Geschichte ist in meinen Augen, ob Lars' Paranoia eingebildet war oder ob es wirklich eine reale Bedrohung gab. Dass das Antibiotikum eine Nebenwirkung zeigte, ist natürlich eine dankbare Erklärung, aber vielleicht zu einfach gedacht. Was ist mit dieser dubiosen Schlägerei? Je länger ich darüber nachdenke, desto mehr bin ich davon überzeugt, dass Lars in dieser Sache nicht die Wahrheit gesagt hat. Ich kann mir keine Fußballfans vorstellen, die in Überzahl sind und trotzdem einen Schläger beauftragen, anstatt es selbst zu erledigen.

Nehmen wir mal an, dass Lars wirklich verfolgt wurde. Dann fing alles mit der Schlägerei an. Hatte Lars etwas gesehen, das er nicht sehen sollte? Ging es eventuell um Drogen? Um Geld? Der Goldstrand in Bulgarien ist sicher ein Pflaster, an dem illegale Aktivitäten nicht völlig abwegig wären. Wollte er seine Freunde vielleicht sogar schützen, indem er ihnen nicht den genauen Grund erzählte? Ist er diesen Schlägertypen vielleicht nur gerade so entkommen? Suchten sie weiter nach ihm? Spürten sie ihn auf, als er im Hotel alleine eincheckte? Kein Mensch der Welt geht nachts freiwillig nach draußen und versteckt sich in einer unbekannten Gegend. Er muss Todesangst gehabt haben und sein Vertrauen in die Menschheit muss bis ins Mark erschüttert gewesen sein. Wieso ging er nicht zur Polizei? Wieso vertraute er sich nicht einem Sicherheitsbeamten am Flughafen an, wieso nicht seiner Mutter? Wer waren die vier Typen, die ihn jagten? Wieso ließen sie ihn weder fahren noch fliegen? Hatten sie ihm seinen Ausweis weggenommen oder den Reisepass? Ob berechtigt oder nicht, Lars fühlte sich so dermaßen verfolgt, dass er sogar dem Arzt unterstellte, ihn mit dem Antibiotikum vergiften zu wollen. Er witterte wohl eine groß angelegte Verschwörung gegen ihn.

176

Listen wir mal systematisch alle Argumente auf, die für eine reale Bedrohung sprechen:

→ Lars war definitiv in eine Schlägerei verwickelt. Das belegt der Riss seines Trommelfelles. Der oder die Täter aber sind immer noch unbekannt.

→ Lars gilt als bodenständiger junger Mann, neigte nie zu Paranoia.

→ Er sprach relativ konkret von vier Typen, die dahintersteckten.

→ Er ist immer noch verschwunden. Bei einem natürlichen Unfall mit Todesfolge hätte man sicherlich eine Leiche gefunden, da die nähere Umgebung und der vermeintliche Fluchtweg abgesucht wurden. Wenn er irgendwo herumirrt, ist es merkwürdig, dass noch niemand ihn gemeldet hat, da der Fall auch in Bulgarien selbst ein großes Thema in den Medien war.

Es gibt aber auch Argumente, die dagegensprechen:

→ Es gibt keinerlei objektive Beweise für eine Verfolgung.

→ Das Medikament könnte zu Nebenwirkung geführt haben.

→ Die ganze Geschichte klingt eigentlich zu absurd, um wahr zu sein. Woher wussten die Verfolger, in welchem Hotel er war? Ließen sie ihn beschatten? Wieso überfielen sie ihn dann nicht in der Nacht? Wieso sollten sie einen Flughafenmitarbeiter schicken, um Lars zu erledigen? Was überhaupt könnte Lars so wichtig machen, dass jemand einen solch hohen Aufwand betrieben haben könnte, um ihn zu kriegen?

→ Die Flucht erfolgte extrem irrational, er verließ einen
   sicheren Ort.

MEIN FAZIT

Nach der Gegenüberstellung von Pro und Contra glaube ich,
dass Lars sich die Verfolger nur eingebildet hat. Jemand
bräuchte sehr große Ressourcen und ein gewaltiges Interesse, um Lars immer wieder punktgenau aufzuspüren. Das
halte ich für unrealistisch. Trotzdem beschäftigt mich dieser
Flughafenarbeiter. Wieso platzt er in eine ärztliche Sprechstunde hinein? Was hat ein einfacher Arbeiter wie er dort zu
suchen? Vielleicht verwechselte ihn Lars, vielleicht sah er
einem der Schläger ähnlich, was wiederum diese Schock-
reaktion auslöste. Dieser Mann, wer auch immer er war,
muss eine Todesangst in Lars ausgelöst haben, und vielleicht
ist er auch der Schlüssel zu dem Fall.

Die Theorie, dass Lars orientierungslos durch Bulgarien
irrt, gibt zwar Hoffnung, halte ich aber ebenfalls für sehr unwahrscheinlich. Lars ist blond und von auffallendem Aussehen. Er wäre in all den Jahren doch sicher irgendwem aufgefallen.

Die für mich realistischste Erklärung ist, dass Lars, verwirrt von den Medikamenten und geplagt vom Verfolgungswahn, quer über das Land floh. Zu Fuß. Auf der Flucht vor
seinen eingebildeten Verfolgern, stürzte er vielleicht in ein
Flussbett, in einen Graben, einen alten Brunnen und wurde

deshalb nicht gefunden. Natürlich gab es groß angelegte Suchaktionen, aber vielleicht passierte dies an einem Ort, den keiner auf dem Schirm hatte.

Im Internet wurde vermutet, dass Lars alles nur selbst inszeniert haben könnte. Wollte er absichtlich untertauchen? Ich halte das für abwegig. Den Trommelfellriss hatte er nachweislich, dies haben gleich mehrere Ärzte bestätigt. Auch hätte es sicherlich geschicktere Wege gegeben, sich unsichtbar zu machen, als es auf diese dramatische Weise zu tun.

Wir Menschen können mit offenen Enden nicht umgehen. Bei den meisten Filmen folgt nach dramatischen Wendungen dann doch ein Happy End. Seine Mutter hat alles versucht, selbst ein Privatdetektiv wurde angeheuert, ohne Erfolg.

Als ich mein erstes Video über den Fall machte, kam ich in den Kontakt mit Leuten, die eine Facebookseite für Lars betreiben. Sie waren sehr erfreut, dass ich auf den Fall aufmerksam machte, und posteten mein Video. Ich spürte die Hoffnung bei diesen Leuten, niemand von ihnen gibt Lars auf. Das finde ich richtig und bewundernswert. Ich hoffe sehr, dass eines Tages Licht ins Dunkel kommt und Lars wieder auftaucht, wo auch immer er gerade sein mag. Ab und zu liest man in der Zeitung von Vermissten, die nach vielen Jahren wieder zu ihren Familien stoßen. Ich hoffe, dass es in Lars' Fall genauso ist.

11

DER
SNAPCHAT-MORD

Zwei Mädchen filmen mit ihrem Handy heimlich einen fremden Mann. Wenig später sind sie tot. War der Unbekannte ihr Mörder?

Das Internet hat unser gesamtes Leben entscheidend verändert. Smartphones und soziale Netzwerke prägen unser Bild des 21. Jahrhunderts. Aus eigener Erfahrung weiß ich, dass man in der heutigen Jugend bereits als »out« gilt, wenn man mit elf Jahren kein eigenes Handy besitzt und nicht in den gängigen Netzwerken vertreten ist. Während die einen die neuen Möglichkeiten und Chancen in den Himmel loben, bleiben bei nicht wenigen Zweifel und Skepsis, ob in der Zeit von Datenskandalen und permanenter Ortung das Internet nicht doch eher Fluch als Segen ist.

Snapchat ist eines der eher jüngeren sozialen Netzwerke. Es basiert auf der Idee, dass die Inhalte nur 24 Stunden verfügbar sind, ehe sie automatisch wieder verschwinden. Es hat somit eine andere Dynamik und Spannung als zum Beispiel Facebook oder Instagram, wo gepostete Fotos theoretisch für immer online bleiben könnten. Wenn man auf Snapchat etwas hochlädt, ist es nach einem Tag wieder weg. Wer es später anschauen will, hat Pech gehabt.

Eine Möglichkeit, die Fotos abzuspeichern, ist auch nicht vorgesehen. Während Facebook von jüngeren Usern kaum mehr genutzt wird, ist Snapchat gerade unter den Teenagern total »in«. Egal ob beim Sport, beim Essen oder in der Schule, die Jugend wird darauf getrimmt, ihr ganzes Leben mit der Kamera festzuhalten. In diesem Kapitel wird das eine zentrale Rolle spielen, denn zwei mutige Teenager schafften es, in einer außergewöhnlichen Situation ihren mutmaßlichen Mörder zu filmen, kurz bevor er sie tötete.

Die 14-jährige Liberty German und die 13-jährige Abigail Williams waren beste Freundinnen, wie sie im Buche stehen.

Die beiden gab es fast nur im Doppelpack. Ständig hingen sie zusammen ab oder unternahmen etwas gemeinsam. Ihr Leben drehte sich um Schule, Hausaufgaben, Freundschaften und soziale Netzwerke. Zwei ganz normale, amerikanische Teenager eben, die sicher noch ein langes und glückliches Leben vor sich gehabt hätten. Doch wie sie zu Lebzeiten alles gemeinsam taten, so starben sie auch Seite an Seite, und der Verantwortliche ist bis heute auf freiem Fuß.

Der 13. Februar ist im Bundesstaat Indiana in den USA ein Feiertag und dementsprechend fiel auch an jenem Tag im Jahr 2017 die Schule aus. »Libby« und »Abby«, wie die beiden Mädchen abgekürzt wurden, entschieden, die freie Zeit für eine Wanderung zu nutzen. Sie wurden von einem Familienmitglied im Naturschutzgebiet nahe ihrer Heimatstadt Delphi abgesetzt. In der 3000-Seelen-Gemeinde kennt jeder jeden und von wirklich schlimmen Verbrechen hatten die Menschen in der ländlichen Gegend bis dato höchstens aus dem Fernsehen gehört.

Das Ziel der Mädchen war die Monon High Bridge über dem Deer Creek River. Über die einstige Eisenbahnbrücke fuhr schon seit Jahren kein Zug mehr, sie war stillgelegt und frei begehbar. Die Schienen waren eine lokale Sehenswürdigkeit und wurden gerade von Teenagern als spektakuläre Fotokulisse genutzt.

Um ein Uhr mittags begann die Wanderung der Freundinnen. Den Eltern war nicht ganz wohl dabei gewesen, die jungen Mädchen alleine in dem großen Wald wandern zu lassen, aber die beiden hatten hoch und heilig versprochen, um 17:30 spätestens wieder am Parkplatz zu sein. Außerdem war die Gegend ein beliebtes Naherholungsgebiet und wurde von vielen Wanderern und Spaziergängern aufgesucht. Wollten die beiden Mädchen wirklich den historischen Pfad entlangwandern oder ging es ihnen nur um coole neue Profilbilder für ihre Instagram-Accounts? Sie können es leider nicht mehr beantworten.

Vom Parkplatz braucht man zu Fuß nur eine gute Viertelstunde, bis man zu der verlassenen Eisenbahnbrücke kommt. Imposant thront sie über dem rauschenden Creek River und versprüht den Charme längst vergangener Zeiten. Der einsame Wald, der Fluss und die verfallene Brücke strahlen aber auch etwas Unheimliches aus. Es ist nicht unbedingt ein Ort, an dem man seine Kinder alleine spielen lassen sollte. Man kann die Brücke zwar zu Fuß überqueren, sie ist allerdings nicht durch ein Geländer gesichert. Der Gemeinde fehlt das Geld dazu, und so kann es da oben schon mal wacklig und gefährlich werden, wenn es windig ist.

Liberty dokumentierte den gemeinsamen Ausflug auf Snapchat. Zunächst machte sie ein Foto der Brücke und anschließend posierte ihre Freundin Abigail wie ein Model auf der Monon High Bridge. Es ist ein schönes Bild von Abigail Williams mit einer tollen Kulisse, den hölzernen Schienen im Hintergrund. Es ist allerdings auch das letzte Bild, das sie lebend zeigen wird.

Um 14:07 postete Liberty das Foto als letztes Lebenszeichen auf Snapchat.

Als Derick, der Vater von Libby, um kurz nach drei schrieb, dass er die beiden jetzt schon abholen könnte, bekam er

184

keine Antwort mehr auf seine Textnachricht. Vielleicht hatten die Mädchen auf dem Trail keinen Empfang, dachte er sich, doch als er den Parkplatz erreichte und die Mädchen zum vereinbarten Zeitpunkt nicht erschienen, wurde er misstrauisch. Seine Nachricht blieb weiterhin unbeantwortet, und dank der WhatsApp-Funktion des blauen Hakens wusste er auch, dass Libby sie nicht mal gesehen hatte. Er lief ihnen entgegen bis zur Brücke, aber die Schülerinnen waren wie vom Erdboden verschluckt. Zögerlich informierte er die anderen Familienmitglieder und kurz darauf rief Libbys Mutter die Polizei.

Man ging zunächst davon aus, dass die Mädchen sich verlaufen hatten oder auf dem Weg gestürzt sein mussten. Das örtliche Sheriff Department gab voreilig Entwarnung. Den Teenagern sei vielleicht das Handy aus der Hand gefallen oder der Akku war leer. Die Polizei ging zunächst nicht von einem Verbrechen aus. Es gab Tausende Möglichkeiten, die das Verschwinden der Mädchen auf natürliche Weise erklären konnten, und so war die Besorgnis aufseiten der Beamten auch nicht besonders groß. Ein Polizist würde später sagen, dass in seinen dreißig Dienstjahren in diesem Gebiet zuvor nie irgendetwas passiert sei. Wieso also ausgerechnet am 13. Februar 2017?

Trotzdem versammelten sich Hunderte Freiwillige aus Delphi, die mit Taschenlampen und Hunden noch am selben Tag die Route absuchten. Es war eine Frage des amerikanischen Selbstverständnisses, dass die Gemeinde zusammenhielt. Die Namen der Mädchen schallten immer wieder laut durch den Wald, doch die Suchtrupps bekamen keine Antwort. Als die Nacht hereinbrach und man keine Spur von Liberty und Abigail gefunden hatte, wurde die Suche auf den nächsten Morgen vertagt. Nur der Großvater von Liberty und eine Handvoll Männer hielten nachts Wache im Wald und suchten erbittert weiter.

Der Durchbruch der Suche kam dennoch erst am nächsten Vormittag um 12.30 Uhr. Abigail und Liberty wurden beide eine halbe Meile entfernt von der Monon High Bridge entdeckt. Sie waren Opfer eines Gewaltverbrechens geworden. Der Doppelmord an zwei unschuldigen Mädchen versetzte die Kleinstadt Delphi in Schockstarre. Die Indiana State Police gab eine Warnung aus, dass jeder auf seine Kinder besonders aufpassen sollte. Die Bewohner verboten ihrem Nachwuchs, draußen zu spielen, und es wurde wild spekuliert und sich gegenseitig verdächtigt.

Die Leichen lagen auf dem Privatgrundstück des 77-jährigen Ron Logan. Der Rentner war vorbestraft wegen Alkohol am Steuer und wurde kurz nach dem Fund der Mädchen verhaftet. Kurioserweise allerdings nicht wegen des Doppelmordes, sondern weil er gegen seine Bewährungsauflagen verstieß und an dem Tag, an dem die Mädchen verschwanden, Auto fuhr. Ihm war es nach einem Unfall unter Alkoholeinfluss jedoch verboten gewesen, sich in nächster Zeit wieder ans Steuer zu setzen.

Die Polizei betonte direkt, dass Ron Logan nichts mit dem Fall zu tun hatte. Die Dorfgemeinschaft störte das wenig und es gab zahlreiche anonyme Drohungen im Internet gegen den alten Mann, der allerdings ein wasserdichtes Alibi hatte.

Zudem wäre es ein äußerst ungeschicktes Vorgehen gewesen, die Leichen auf dem eigenen Grundstück so offen zu präsentieren.

Die Spurensicherung nahm DNA-Proben vom Tatort und die Leichen wurden natürlich einer Autopsie unterzogen. Das Ergebnis der forensischen Untersuchungen behielt die Polizei aber lieber für sich. Wie genau die Mädchen zu Tode kamen, hält das FBI sogar bis heute geheim. Es ist keine ungewöhnliche Taktik in den USA, dass Ermittler sogenanntes Täterwissen zurückhalten. Informationen, die nur der Täter weiß, können in Verhören dafür sorgen, dass sich der Verdächtige selbst entlarvt. Wie genau der Unbekannte Libby und Abby tötete, ist von offizieller Stelle nie veröffentlicht worden, forscht man allerdings ein bisschen tiefergehend im Internet, stößt man auf Foreneinträgen von angeblichen Helfern, die zur Suchtruppe gehört haben wollen, die auf die toten Mädchen stieß. Sie berichten von durchgeschnittenen Kehlen und einem schrecklichen Anblick, allerdings sind diese Informationen nie von den Behörden verifiziert worden und somit nur spekulativ.

Springen wir wieder zurück in der Zeit: Was ist also am 13. Februar 2017 mit den beiden Mädchen auf der Brücke passiert? Die Polizei fand auf Libertys Handy Beweise, die den Fall womöglich aufklären können. Die Mädchen schossen auf der verlassenen Eisenbahnbrücke Fotos, als sich ihr Mörder über die Brücke näherte. Aus der Ferne kam ihnen der Mann schon direkt merkwürdig vor. Die Polizei nannte Libertys Tat im Nachhinein heldenhaft und mutig, denn die 14-Jährige filmte den Mann heimlich, während er sich ihnen näherte. Später ließ sie die Aufnahme heimlich weiterlaufen, um die Stimme des Mannes aufzunehmen. Den Mädchen musste klar gewesen sein, dass der Mann, der sich ihnen auf der einsamen Brücke näherte, nichts Gutes im Schilde führen konnte.

Wer war der unbekannte, korpulente Mann, um die fünfzig Jahre alt, der sich den beiden näherte? Ihr Mörder?

Die Polizei veröffentlichte ein Standbild des Videos von Liberty und leitete eine Fahndung ein. Zunächst betrachtete man ihn als Zeugen in diesem Mordfall, doch ein paar Tage später veröffentlichten die Behörden, dass der Mann auf dem Video mit sehr hoher Wahrscheinlichkeit der Täter sei. Die Mädchen hatten also instinktiv ihren eigenen Mörder gefilmt und somit der Polizei einen großen Vorteil verschafft, auch wenn die Hilfe für sie zu spät kam.

Versetzen wir uns für einen Moment in die Situation der Mädchen. Ihr steht also mitten auf einer einsamen, verlassenen Eisenbahnbrücke, wo ihr weder nach links noch nach rechts ausweichen könnt, als sich mit schnellen Schritten ein merkwürdiger Mann nähert. Ich habe Respekt davor, dass Liberty so geistesgegenwärtig war, ihn aufzunehmen. Die Schülerinnen waren sicher misstrauisch gewesen, aber dachten bestimmt nicht, dass eine akute Gefahr für ihr Leben droht, denn ansonsten hätten sie wohl den Notruf gewählt oder wären weggerannt. Wahrscheinlich hatten sie nur einen Verdacht, ein Bauchgefühl, dass Gefahr drohte. Doch die Hoffnung überwog, dass dieser komische Typ einfach nur an ihnen vorbeilaufen würde. Es kam anders. Liberty muss in der Jackentasche ihr Handy mitlaufen lassen haben, denn zumindest ein kurzer Ausschnitt des Gesprächs mit dem Unbekannten wurde von der Polizei veröffentlicht. Darauf sagt der Mann »Down the Hill«. Zu Deutsch: »Den Hügel runter«. Er sagt es relativ ruhig und dennoch werten es Ermittler als eine Art Befehl. Befahl er also den Mädchen, hinab in den Wald zu steigen, wo er sie ungestört umbringen konnte?

Vermutlich. Betrachten wir das Standbild mal genauer, die Qualität ist nicht gerade hochauflösend. Das FBI schreibt auf seiner Webseite, dass der Mann eine blaue Jeans, eine dunkelblaue Jacke und einen Hoodie getragen haben soll. Im Internet beginnen nach der Veröffentlichung des Fotos natürlich wilde Spekulationen. Die einen vermuten eine Bauchtasche, andere wollen sogar eine Pistole in der Jackentasche erkennen. Der Mann wurde auf etwa 50 Jahre geschätzt, die Art, wie er läuft, als unrund interpretiert. Die Ermittler halten sich bedeckt und beteiligen sich nicht öffentlich an Spekulationen, widerlegen sie aber auch nicht. Lediglich das Gewicht des Tatverdächtigen wurde auf ungefähr 100 Kilo beziffert.

Die beiden veröffentlichten Fotos stammten aus Libertys Video und wurden nachträglich herangezoomt, um den Verdächtigen isoliert zeigen zu können. Es wurde sogar vermutet, dass Abby auf der Originalaufnahme zu sehen war und rausgeschnitten wurde.

Angehörige erwähnten in einer TV-Sendung, dass das FBI selbst mithilfe der NASA und Disney versucht hatte, die Bildqualität signifikant zu verbessern. Ohne Erfolg. Das echte Leben ist eben kein Kinofilm, wo die Ermittler mit einem Klick ein unscharfes Bild wieder scharf machen können. Dennoch erhofften sich die Beamten einen entscheidenden Durchbruch, doch der ließ auf sich warten. Es gibt zwar bis heute über 16 000 Hinweise zu der Person, allerdings führte keine zu dem Täter. Die Kleidung, das Gewicht und das grobe Aussehen passten übertrieben gesagt auf jeden zehnten Mann in Indiana.

Es war also kein Wunder, dass täglich zur Primetime neue Verdächtige auf Facebook und Co. präsentiert wurden. Ein Reporter bat gar Ron Logan, den Grundstücksbesitzer, die Worte »Down the Hill« vor laufender Kamera zu sagen, was dieser sogar tat. Angst vor Selbstjustiz machte die Runde, sodass sich sogar der verantwortliche Staatsanwalt genötigt sah, ein Statement abzugeben, dass man damit aufhören sollte und es sogar rechtliche Folgen für die Hetzer haben könnte.

Trotz DNA-Spuren am Tatort, einer Video- und Audioaufnahme des Täters präsentierte die Polizei über Monate keinen Verdächtigen. Es ist mir persönlich unverständlich, warum nicht das gesamte Videomaterial herausgegeben wurde. Eine flüssige Aufnahme des Laufens könnte die Identifizierung enorm vereinfachen. Vielleicht würde sich jemand melden, der an diesem Gang seinen Nachbarn, Chef oder Busfahrer erkennt. Stattdessen veröffentlichte die Polizei Monate später ein recht genaues Phantombild des Täters. Ein äußerst seriöser Zeuge sei aufgetaucht, der den Mann auf dem Video in diesem Gebiet gesichtet hatte. Warum erst jetzt? Hatte es so lange gedauert, allen 16 000 Hinweisen nachzugehen, oder hatte sie der genannte Zeuge erst so spät erinnert und gemeldet?

Das Phantombild war äußert detailliert gezeichnet und brachte wieder Tausende von neuen Hinweisen für die Polizei. Im September 2017 kam dann der vermeintliche Durchbruch: Daniel Nations, ein vorbestrafter Sexualstraftäter, wurde in Colorado festgenommen. Bei einer Routinekontrolle war aufgefallen, dass er mit falschen Kennzeichen herumfuhr. Er soll Wanderer im Woodland Park in Colorado mit einem Beil bedroht haben. Seine Strafakte war reichlich gefüllt, und ein Mann, der mit falschen Kennzeichen auf Waldwegen herumfuhr und Leute attackierte, schien perfekt in das Täterprofil zu passen. Dazu passte auch, dass er dem Phantombild wirklich verblüffend ähnlich sah, nur wirkte er etwas schlanker als der Mann auf dem Videostandbild. Die regionalen Medien waren sich bereits sicher, dass der Mann aus Colorado der Doppelmörder sein müsse, doch nach langem Hin und Her der Polizei kehrte Ernüchterung ein: Daniel Nations hatte ein Alibi und die DNA-Spuren hatten nicht übereingestimmt. Die Polizei ließ ihn gehen. Er wurde für das Bedrohen der Wanderer schuldig gesprochen, Libby und Abby hatte er aber definitiv nicht auf dem Gewissen. Die Suche geht bis heute weiter, der Mörder ist weiter auf freiem Fuß und die FBI-Profiler sind sich sicher, dass er wieder morden wird, wenn er die Gelegenheit hat.

Es gibt extrem viele ungelöste Fragen und Rätsel bei diesem Fall. Fangen wir vorne an: Wusste der Täter im Vorfeld, dass die Mädchen auf der Brücke sein würden? Sah er, wie die

Schülerinnen auf dem Parkplatz alleine abgesetzt wurden, und verfolgte sie? War er ein Spanner, der wusste, dass Teenager die Brücke öfter alleine aufsuchten? Versteckte er sich im Wald, um auf eine perfekte Gelegenheit zu warten? Oder war es eine komplette Zufallsaktion? Aufschluss darüber könnte die gesamte Aufnahme von Libertys Handy geben. Die Polizei hatte angekündigt, dass es mehr auf dem Smartphone gab, als veröffentlicht wurde. Warum wird es zurückgehalten? Aus Respekt vor den Opfern? Oder war es ein Bluff, um den Täter zu verunsichern, und es existiert nichts Brauchbares mehr?

Die State Police sagte offiziell, dass weitere Teile der Aufnahmen zumindest für die Familien der Toten abgespielt wurden. Zunächst sollen Abby und Libby über typische Mädchensachen geredet haben und dann über einen Mann, der ihnen hinter sich aufgefallen war. Vermutlich exakt jener Mann, den sie kurz darauf filmten und der sie schließlich tötete. Am Anfang existierte die Theorie, dass die Mädchen sich auf der Brücke mit jemandem aus dem Internet verabredet hatten, doch das konnte die Polizei nicht verifizieren. Den Schülerinnen war also offensichtlich der Mann schon länger in dem Gebiet aufgefallen, was für eine Verfolgung seitens des Täters spricht. Mutmaßlich war dies auch der Grund, warum Liberty kurz vor der direkten Konfrontation als Schutzmaßnahme das Video aufnahm. Sie fühlten sich beobachtet und verfolgt und das war ihre Antwort darauf.

192

MEIN FAZIT

Die Polizei hält sich wie gesagt äußerst bedeckt, was den Tathergang angeht, deswegen ist das Folgende ausschließlich meine eigene Schlussfolgerung. Liberty fotografierte und filmte ihre beste Freundin auf der Brücke. Sie haben Spaß, reden über die Schule und Jungs, posten Fotos von ihrem Ausflug auf Snapchat, als auf einmal ein komischer Typ die Brücke betritt und mit schnellen Schritten auf die Mädchen zuläuft. Der unheimliche Mann ist ihnen schon vorher im Wald aufgefallen und jetzt scheint er es auf sie abgesehen zu haben.

Liberty filmt geistesgegenwärtig weiter und hält das Handy unauffällig auf Hüfthöhe, damit der Fremde das Filmen nicht bemerkt. Sie zittert und wackelt verständlicherweise dabei, sodass die Aufnahmen unscharf werden. Bei Liberty und Abigail angekommen, zieht der Mann eine Pistole aus der Jackentasche. Um zwei Mädchen gleichzeitig zu kontrollieren, muss er eine Schusswaffe dabeigehabt haben, gerade in den USA mit den laschen Waffengesetzen ist das ein wahrscheinliches Szenario. »Den Hügel runter«, befiehlt er den Schülerinnen. Die Teenager stehen unter Schock und leisten den Forderungen Folge. Sie klettern mit ihrem Mörder den Wald hinunter fernab des Weges, wo er sie an einem von zufälligen Wanderern und Zeugen abgeschirmten Ort ermordet. Er legt sie am Grundstück von Ron Logan ab und verschwindet wieder. Das Ganze muss zeitlich sehr schnell gegangen sein, denn schon wenige Stunden nach dem Verschwinden waren erste Suchmannschaften im Naturschutzgebiet unterwegs.

Ob der Täter die Mädchen sexuell missbraucht hat, wurde nicht bekannt gegeben. Daher ist die Frage, ob es sich um einen Sexualstraftäter handelt oder jemanden, der aus Lust zum Töten mordet, nicht aus der Ferne zu diagnostizieren. Das FBI scheint sich jedoch sicher, dass derjenige weder zum ersten Mal noch zum letzten Mal getötet hat.

Nachdem die Ermittler zu Beginn auch eine Zufallstat in Erwägung zogen, vermuten sie nach letztem Stand einen Serienmörder hinter der Tat. Das eiskalte Vorgehen, die Ortskenntnisse, der anscheinend perfide geplante Ablauf und die Kontrolle von gleich zwei Mädchen lassen davon ausgehen, dass das jemand nicht zum ersten Mal gemacht hat. Kam der Täter aus Delphi oder der unmittelbaren Umgebung, kannte er deshalb die Gegend so gut? Oder eignete er sich die Ortskenntnisse gezielt an? Es wäre äußert unwahrscheinlich, dass niemand seine Stimme, seinen Gang oder sein Äußeres aus Delphi erkannt hätte. Ich bin mir sicher, die Polizei hat jeden ähnlich aussehenden Mann aus der 3000-Seelen-Gemeinde überprüft.

Der Plan des Mörders war dennoch sehr gefährlich, denn die Brücke ist ein beliebtes Ausflugsziel und es war feiertags. Er musste die Mädchen sehr schnell in den Wald »Down the Hill« zwingen, damit er nicht Gefahr lief, gesehen zu werden. Fiel ihm nicht auf, dass er gefilmt wurde? Anderenfalls hätte er das Handy sicherlich zerstört oder mitgenommen. Versuchten die Mädchen noch zu flüchten?

Es scheint logisch, dass an dem Ende der Brücke, an dem der Fremde die Mädchen konfrontierte, sie auch mit ihrem Mörder den Hügel hinunter in Richtung Fluss gegangen sind. Sie wurden allerdings auf der anderen Seite des Flusses tot aufgefunden. Was war passiert? Hatte der Fremde mit den Teenagern noch oben auf der Brücke kehrtgemacht und war auf der anderen Seite »Down the Hill« gegangen? Die ganze Monon High Bridge zu überqueren, hätte einige Zeit gedauert. Dies hätte wiederum bedeutet, dass die Gefahr für den Täter, entdeckt zu werden, enorm gestiegen wäre. Es gab die Theorie, dass die Mädchen einen Fluchtversuch in den Fluss starteten, doch der Mörder schneller war und sie wieder einholte. Dass die drei gemeinsam durch den Fluss wateten, scheint ebenfalls äußerst unrealistisch. Eine Sandbank zu überqueren, würde da eher Sinn machen. Der Täter muss den Ort so oder so gut gekannt oder zumindest vorher intensiv ausgespäht haben.

Der nächste ungeklärte Punkt ist seine eigene Flucht. Wo parkte er? Es gibt genau zwei Möglichkeit, das Naturschutzgebiet zu betreten: An dem Parkplatz, an dem Abby und Libby abgesetzt wurden, der allerdings recht stark frequentiert ist. Und über einen alten Friedhof auf der anderen Seite der Brücke, an dem man ungestörter parken kann. Vermutlich wählte der Mann diesen Standort.

Doch trotz aller Fotos, Audio-Mitschnitte und Hinweise läuft der Täter noch immer frei herum und plant womöglich schon seine nächste Tat. Ich persönlich hoffe, dass die Polizei den Rest des Materials herausgibt, da ich der festen Überzeugung bin, dass es helfen wird, den wahren Täter zu überführen. Wir sollten die Technik der heutigen Zeit auch dann nutzen, wenn wir sie wirklich gebrauchen können.

12
LAST
CHRISTMAS

Drei Mädchen wollen am Tag vor Weihnachten letzte Geschenke besorgen. Sie kehren von ihrer Shoppingtour nicht zurück. Wurden sie entführt?

Es gibt Orte, an denen wir uns unwohl fühlen. Fast niemand geht gerne nachts in den Wald oder läuft freiwillig durch zwielichtige Gassen eines heruntergekommenen Viertels. Subjektiv ist dort die Gefahr höher, Opfer eines Verbrechens zu werden. Eltern holen ihre Kinder aus weit entlegenen Orten ab, damit diese nicht alleine durch die Dunkelheit müssen. Das ist gut und richtig so, doch die größte Bedrohung in Sachen schwerer Verbrechen droht uns dort, wo wir sie am wenigsten erwarten. In unserem direkten Umfeld. Genau da, wo wir uns eigentlich am sichersten fühlen sollten.

Eine große Anzahl aller Entführungen und Morde sind sogenannte Beziehungstaten. Der Täter stammt entweder aus der Familie oder aus dem unmittelbaren Umfeld. Nur selten ist es wie im Film, dass dahinter eine große Sache, ein Serienmörder oder gar die Mafia oder Ähnliches steckt. Deswegen konzentrieren sich die meisten Ermittler zunächst immer auf die Familie, Freunde oder Bekannte als potenzielle Täter. Das ist ein Tanz auf der Rasierklinge, denn die meisten Angehörigen werden unschuldig sein und befinden sich in einer unvorstellbar emotionalen Trauerphase. Sie haben gerade eine ihrer liebsten Personen verloren und dann werden sie zusätzlich noch direkt verdächtigt. Da ist viel Fingerspitzengefühl seitens der Polizei gefragt. So auch in dem kommenden Fall dreier Mädchen, die auf einer harmlosen Shoppingtour für immer verschwanden.

Es war ein Tag vor Weihnachten im Dezember 1974, als die beiden Freundinnen Rachel Trlica, 17 Jahre alt, und Lisa

Renee Wilson, 14, zu einem Last-Minute-Weihnachtseinkauf in das nahe gelegene Shoppingcenter aufbrachen. Spontan hatten sie noch die neunjährige Julie Mosely aus dem Nachbarhaus mitgenommen, die sich freute, mit den beiden älteren Mädchen noch ein paar Weihnachtsgeschenke aufzutreiben. Sie wohnte bei ihrer Großmutter und hatte die Mädchen angebettelt, sie mitzunehmen. Die Bitte hatten sie der Kleinen nicht abschlagen können. Julies Mutter hatte ihr am Telefon zunächst verboten, mit shoppen zu gehen, sie hätte doch kaum Geld. Doch nachdem Julie auch sie überzeugend anflehte, ließ sie sich erweichen. In dieser Sache nachgegeben zu haben, wird sie bis heute bereuen.

Die drei Mädchen ließen sich durch die typisch amerikanischen Läden treiben, die vor Weihnachtskitsch nur so trieften. All drei fanden das Passende für ihre Liebsten und kamen mit vollen Taschen zurück auf den Parkplatz vor dem Einkaufszentrum. Sie verstauten die frisch gekauften Geschenke im Kofferraum des Autos und waren bereit für die Heimfahrt.

Um 16 Uhr wollten sie planmäßig wieder zu Hause sein, doch es verzögerte sich. Zunächst machten sich die Familien keine großartigen Sorgen. Die Freundinnen waren bekannt für ausufernde Shoppingtouren, und wir alle wissen, wie schnell man dabei die Zeit vergisst. Doch der Abend wurde immer länger und bald startete die Weihnachtsparty, zu der Rachel eigentlich noch gehen wollte. Lisa hingegen hatte am Abend noch ein Date mit einem Kerl, in den sie über beide Ohren verschossen war. Als sie um 20 Uhr immer noch nicht wieder da waren, schöpften die Angehörigen langsam Verdacht, dass etwas nicht stimmte. Sie sollten damit recht behalten.

Es war die Mutter von Lisa, die als Erste persönlich zum Einkaufszentrum fuhr. Heute kann sie sich kaum mehr an Einzelheiten des Abends erinnern. Sie fand das Auto der Mädchen auf dem Parkplatz mitsamt all der gekauften Weihnachtsgeschenke bereit zur Abfahrt. Nur von den Mädchen gab es zunächst nicht den Hauch einer Spur. Irgendetwas musste dazwischengekommen sein. Wer oder was hatte die drei davon abgehalten, den Rückweg anzutreten?

Die Mutter hetzte durch die Shops, die gerade dabei waren zu schließen. Wollten sie vielleicht etwas umtauschen? Ist ihnen noch ein unverzichtbarer Wunsch eingefallen? Die Hoffnung wurde schnell zerschlagen, die Mädchen waren definitiv nicht mehr im Shoppingcenter.

Die eingeschaltete Polizei sah das alles ziemlich locker. Es wurden keinerlei Spuren am Fahrzeug oder in der unmittelbaren Umgebung gesichert. Das war definitiv ein großer Fehler. Die Theorie der Polizei lautete: Die jungen Mädchen seien wohl einfach abgehauen, wollten etwas erleben. Eine bequeme Begründung, die aber den Fakt ignoriert, dass man für eine Flucht aus dem Alltagsleben wohl kaum das eigene Auto mitsamt Geschenken stehen lassen würde, um dann zu Fuß zu flüchten. Selbst wenn die beiden Mädchen eine Flucht von langer Hand geplant hatten, wieso hätten sie dann die neunjährige Nachbarstochter Julie mitgenommen? Die Polizei gab in dieser Geschichte kein besonders gutes Bild ab. Es war ein fahrlässiges, nicht zu entschuldigendes Vorgehen seitens der Beamten. Mittlerweile waren auch die anderen Familien in Aufruhr, niemand hatte eine Ahnung, was mit den Mädchen passiert war.

Rachel und Lisa, die von ihren Freunden mit ihrem Zweitnamen Renee angesprochen wurde, kannten sich schon seit Ewigkeiten. Die Familien der beiden waren lange befreundet. Man unternahm gemeinsame Ausflüge, ging zusammen regelmäßig fischen. Julie, die Nachbarstochter, kannten die beiden eigentlich nur flüchtig.

Rachel, die Älteste, war mit ihren 17 Jahren bereits verheiratet und es war ihr eigenes Auto, mit dem sie an jenem Tag gefahren war. In diesem Alter bereits verheiratet zu sein, scheint mit heutigen Maßstäben ungewöhnlich zu sein, doch im erzkonservativen Texas war es in den Siebzigerjahren nicht selten der Fall.

Zunächst schien die Polizei recht zu behalten. Einen Tag später bekam Tommy, der Ehemann von Rachel, einen Brief. Angeblich verfasst von seiner eigenen Frau. Darin stand sinngemäß übersetzt:

»Wir werden dafür Ärger kriegen, aber wir sind für eine Woche in Houston. Das Auto steht auf dem Parkplatz vor dem Einkaufscenter. In Liebe, Rachel.« Die Theorie schien bestätigt, die Mädchen wollten einfach mal ausbrechen. Ihnen war wohl sprichwörtlich die Decke auf den Kopf gefallen. Das war zumindest das, was unser Mister X in dieser Geschichte die Angehörigen glauben lassen wollte.

Allerdings war dies nicht so einfach, wie dieser sich es vorgestellt haben musste. Sofort war Tommy klar, dass es nicht die Handschrift seiner Frau war. Außerdem hatte sie ihn mit seinem vollen Namen angeschrieben, das tat sie nie.

Experten der Polizei hingegen waren sich beim Vergleich der Handschriften nicht sicher, ob der Brief nicht doch von Rachel stammte. Sie hielten das zumindest für möglich. Hatte der Täter sie dazu gezwungen, den Brief zu schreiben? Hatte sie ihre Schrift verändert und ihren Ehemann absichtlich falsch angeschrieben, als eine Art versteckter Hilferuf? Es war zumindest für alle Beteiligten offensichtlich, dass der Inhalt des Briefes von jemand anderem stammte, vermutlich demjenigen, der die drei Mädchen an jenem Vorweihnachtstag hatte verschwinden lassen.

Der Brief war nicht zurückzuverfolgen, doch er rief endlich die Polizei auf den Plan. Die Suche nach den Mädchen begann, Zeugen wurden befragt, Polizisten durchkämmten die umliegenden Wälder, durchsuchten Flüsse und Seen in der Umgebung. Das Einkaufszentrum wurde auf den Kopf gestellt. Doch die Ausbeute war null. Auch in Houston fand man keine Hinweise, und nach einer Woche tauchten die Mädchen auch nicht wieder auf.

DREI ZEUGEN, DREI THEORIEN

Es mag merkwürdig erscheinen, dass drei junge Mädchen aus einem vollen Einkaufszentrum einen Tag vor Weihnachten einfach spurlos verschwinden können und keiner es mitbekommt. Eine Entführung sollte eigentlich vielen Menschen auffallen. In diesem Fall gab es nur drei relevante Zeugenaussagen, die sich zudem noch teilweise widersprachen.

Eine Zeugin hatte einem Verkäufer berichtet, dass sie einen Mann beobachtet hatte, wie er die Mädchen in seinen Pick-up zwang. Die Zeugin wurde von der Polizei nicht ausfindig gemacht, nur der Verkäufer hatte sich gemeldet. Das Thema bestimmte wochenlang die regionalen Nachrichten, wieso blieb die Frau anonym? Sie meldete sich nie bei der Polizei, um die Aussage offiziell zu Protokoll zu geben.

Ein weiterer Zeuge wollte angeblich gesehen haben, wie die Mädchen in das Auto einer Sicherheitsfirma eingestiegen sind. Das könnte Sinn machen. War das Ganze eine von langer Hand geplante Aktion? Hatte man die Mädchen mit einer falschen Sicherheitsfirma unter einem Vorwand in das Auto gelockt? Wenn man von einem uniformierten Sicherheitspersonal gebeten wird mitzukommen, dann hält man sich daran und schöpft in der Regel keinen Verdacht. Wir lernen von klein auf, gegenüber Autoritäten Gehorsam zu zeigen, zur damaligen Zeit noch deutlich mehr als heute. Hatte man ihnen unterstellt, etwas geklaut zu haben, und sie sollten mal eben schnell mitkommen? Hatte man mit der Polizei gedroht? Sie unter Druck gesetzt? Dachten die Mädchen, es wäre eine Verwechslung, die sie schnell aufklären könnten, und gingen deshalb widerstandslos mit? Hätte es dann aber nicht mehr Zeugen geben müssen? Der Tatort war auf einem großen Parkplatz direkt vor einer belebten Mall. Unwahrscheinlich, dass eine Konversation von Sicherheitsbeamten mit drei jungen Mädchen und eine anschließende Mitnahme niemandem aufgefallen war. Die Polizistenmasche allerdings hatten schon legendäre Serienmörder wie Ted Bundy benutzt, um ihre Opfer zu überrumpeln.

Es gab einen dritten Zeugen, der wiederum darauf schwor, gesehen zu haben, dass ein Mann eines der Mädchen zwang, in einen Van zu steigen. Als er einschreiten wollte, wurde er nur angefaucht, er solle sich raushalten, dies sei eine Familienangelegenheit.

Wenn aber nur ein Mädchen entführt wurde, was passierte mit den anderen beiden? Man kann sie ja auf einem öffentlichen Parkplatz nicht mal eben in Luft auflösen. Die Sicherheitsfirma-Theorie ist für mich noch die schlüssigste, aber auch diese hat ihre Lücken. Wenn man drei Mädchen geplant verschwinden lassen will, warum sucht man sich einen so stark frequentierten Platz kurz vor Weihnachten aus? Und nicht einen einsameren Ort?

Einige grundsätzliche Fragen stellten sich den Ermittlern. Kannten die Mädchen ihren Entführer? War eine Person oder mehrere beteiligt? War die Tat geplant oder erfolgte sie spontan? Wenn es jemand aus ihrem persönlichen Umfeld war, würde das erklären, warum sie vielleicht freiwillig und ohne Widerstand mitgekommen waren. So waren sie ohne großes Aufsehen für Zeugen still und heimlich von dem Parkplatz verschwunden, weil sie der Person im Auto vertraut hatten. Diese musste allerdings einen guten Grund gehabt haben, wenn die Mädchen ihr eigenes Auto samt Geschenken einfach so stehen ließen. Wenn der oder die Täter nicht Bekannte waren, dann waren es vermutlich mehrere. Als Fremder alleine drei Mädchen zu entführen, klingt mehr als waghalsig. Er hätte sie dann wohl mit einer Schusswaffe bedrohen müssen, doch das wäre auf einem öffentlichen Parkplatz wohl ein zu großes Risiko gewesen.

Schon bald war die Polizei an ihre Grenzen gestoßen. Die Ermittlungen gingen nur noch schleppend voran, kaum neue Erkenntnisse kamen zum Vorschein. Im Frühling des Jahres 1975 nahmen die Familien ihr Schicksal in die eigene Hand und engagierten den Privatermittler Jon Swaim. Dieser legte mit Vollgas los, viele Freiwillige wurden rekrutiert, um wieder die ländlichen Gegenden um Fort Worth, der fünftgrößten Stadt Texas, abzusuchen. Swaim bekam einige anonyme Tipps, wo angeblich die Leichen der Mädchen versteckt sein sollen. Jedem dieser Tipps wurde nachgegangen, gefunden wurden die drei nie. Die Hoffnung, dass die Mädchen irgendwann doch noch durch die Tür nach Hause kommen, starb nie.

Es passt zu diesem mysteriösen Fall, dass der Privatdetektiv 1979 selbst an einer Überdosis starb. Angeblich Selbstmord. In seinem Testament war vermerkt worden, dass alle Akten zu seinen Fällen vernichtet werden sollten, und so traf es auch den Fall der drei Vermissten. Es gibt nicht wenige, die zumindest den Verdacht äußerten, dass jemand gezielt den Privatdetektiv aus dem Weg geräumt hatte. War er auf einer heißen Spur? Hatte man den Selbstmord inszeniert? Ohne die Akten des Falls konnte auch niemand mehr herausfinden, ob der Detektiv einen Verdächtigen im Auge hatte.

Rusty war gerade mal elf Jahre alt in jener Dezembernacht, in der seine große Schwester Rachel verschwand. Er hat die

Hoffnung auch heute noch nicht aufgegeben. Im Gegenteil: Er hat längst seine eigene Theorie entwickelt. Es ist die unzerstörbare Hoffnung und vielleicht eine Art brüderliche Intuition, die ihm sagt, dass Rachel noch am Leben sein könnte. Ihre Leiche wurde nie gefunden und somit ist zumindest eine Resthoffnung da, bis das Gegenteil bewiesen ist.

Er ist der Meinung, dass von den drei Mädchen nur noch Rachel am Leben ist und dass sie irgendwann wieder heimkommt. Rusty ist sich auch sicher, dass es jemand aus dem familiären Umfeld der drei gibt, der genau weiß, was damals passiert ist. Einer kennt das Geheimnis, betont er immer wieder. Er ist sich sicher, dass es einer von ihnen ist.

Wenn es eine Beziehungstat war, dann ist es mit hoher Wahrscheinlichkeit jemand aus Rachels oder Lisas Umfeld gewesen, denn dass die neunjährige Julie mitkam, war spontan in letzter Sekunde entschieden worden. Rusty lässt keinen Tag vergehen, an dem er nicht die Tatnacht wieder und wieder analysiert. Eine Person auf seiner Liste der Verdächtigen ist ausgerechnet Debra, die ältere Schwester von Rachel und ihm. Es gab eine gewisse Vorgeschichte. Rachel hatte ihrer großen Schwester Debra ihren damaligen Verlobten Tommy ausgespannt und ihn dann selbst geheiratet. War dies das Motiv?

»Wir waren nicht mal richtig verlobt«, beteuert hingegen Debra heute. Zudem habe sie sogar vor dem Verschwinden bei Tommy und Rachel gewohnt. Sie waren eine Gemeinschaft, sie macht es fertig, dass ihr eigener Bruder vermutet, sie habe etwas mit dem Verschwinden ihrer gemeinsamen Schwester zu tun. Ist Rusty einfach nur nach all den Jahren verbittert und sucht einen Schuldigen? Oder hat er Informationen, die der Öffentlichkeit nicht zugänglich sind? Zwanzig Jahre nach dem Verschwinden traf Rusty auf Dan James, einen weiteren Privatermittler. Dieser war von den Familien nie mit dem Fall beauftragt worden, aber hatte aus eigenem Interesse die Spur der Mädchen verfolgt. Endlich hatte Rusty eine Art Seelenverwandten gefunden, jemanden, der genauso heiß darauf war wie er, das Rätsel endlich zu lösen. Dan James meinte es ernst und nahm nicht einen Penny Honorar. Er bot sogar aus eigener Tasche 25 000 Dollar für denjenigen, der einen entscheidenden Hinweis gibt. Es ist ein kalkuliertes Spiel, denn James vermutet, dass es Menschen gibt, die Bescheid wissen und aus ungeklärten Gründen nichts sagen. Wenn der Täter aus den Reihen der Familien kommt, dann sind Mitwisser wirklich sehr wahrscheinlich. Doch bisher ist keiner dem Ruf des Geldes erlegen.

Rusty und Dan James fanden zunächst mehrere Zeugen, die die Mädchen zum Beispiel in einem Supermarkt nach dem Verschwinden gesehen haben wollen. Zum letzten Mal wurde Rachel angeblich an Weihnachten 1995 in Fort Worth gesehen. Rusty und James gehen davon aus, dass Rachel jedes Weihnachten in die Nähe ihrer Heimat kommt. Sie glauben, dass der Täter eigentlich nur die beiden älteren Mädchen haben wollte. Entgegen dieser eigenen Annahme glauben sie, dass Lisa und Julie mittlerweile tot sind. Wieso? Genau in die Karten schauen lassen wollen sie sich nicht. Jemand, der den Mädchen nahestand, steckt dahinter, da sind sie sich sicher. Wenn aber Rachel überlebt hat, warum kommt sie nicht nach Hause? Wieso sollte sie immer an Weihnachten in die Nähe kommen? Ist das nicht eine mythenhafte Legendenbildung seitens Rusty? Zumindest bleibt der Fall weiter heiß. Es gibt einfach zu viele ungelöste Fragen. Ist Debra wirklich so unschuldig, wie sie vorgibt?

In Interviews weint die ältere Schwester, wenn sie an ihre Rachel denkt. Was sie glaube, wird sie gefragt. Sie hat keine Erklärung, weiße Sklaverei vielleicht, vermutet sie. War es einfach eine Gruppe von Männern, die die Mädchen als Sklavinnen in eine einsame Hütte entführte? Solche Fälle gibt es auf der Welt leider immer wieder. Brachten sie die drei letztendlich um, als sie ihnen keinen Spaß mehr bereiteten?

Falls sie noch leben, sind sie mittlerweile über 50. Die Täter wären noch deutlich älter. Hätten sie nicht längst einen Fluchtversuch unternehmen müssen? Oder kam es etwa zu dem berüchtigten Stockholm-Syndrom? Verliebten sich die Mädchen in ihre Entführer? Natürlich sind das alles unbelegbare Spekulationen. Es gibt auch die Theorie, dass Debra den angeblichen Rachel-Brief geschrieben haben soll. Das könnte zumindest ein Indiz dafür sein, warum die Handschriften ähnlich, aber nicht identisch waren. Dennoch scheint es unwahrscheinlich, dass die ältere Schwester zwei unschuldige Mädchen in den Abgrund reißt, um es ihrer jüngeren Schwester heimzuzahlen.

In die Familie von Rachel hat die Geschichte längst einen Keil getrieben. Debra, Rusty und ihre Mutter leben alle in derselben Straße, aber sie reden kaum mehr miteinander. Die Mutter unterstellt Dan James, dem Ermittler, er hätte Rustys Verstand vergiftet. Ich frage mich auch, was die Motive dieses übermotiviert scheinenden Privatdetektivs sind.

Erhofft er sich Aufmerksamkeit durch den Fall oder ist er wirklich der weiße Ritter, der einer Familie helfen will, Frieden zu finden und die Wahrheit ans Licht zu bringen?

MEIN FAZIT

Bei diesem Kapitel fällt mir ein Fazit oder eine eigene Theorie besonders schwer. Wir haben nur wenige klar belegbare Fakten, widersprüchliche Zeugenaussagen, Familien, die sich selbst beschuldigen, dubiose Privatdetektive und eine hilflose Polizei.

Es gibt in meinen Augen nur zwei Wege, wie die Mädchen vom Tatort verschwunden sein können. Nummer eins: Der Täter hat eine einstudierte Masche angewandt. Zum Beispiel das Verkleiden als falscher Sicherheitsdienst. Alternativ könnte er auch einen Lockvogel gehabt haben, der den Mädchen etwas außerhalb des Parkplatzes zeigen wollte oder meinte, er bräuchte dringend ihre Hilfe. Kaum waren sie aus der Sichtweite der anderen Besucher verschwunden, schlug man zu. Das Risiko wäre dennoch extrem hoch gewesen, auch als Sicherheitsdienst. Sie hätten auffliegen oder jemand hätte ihr Kennzeichen aufschreiben können. Wenn junge Mädchen vom Sicherheitsdienst abgeführt werden, ist das eigentlich ein Prozess, der Schaulustige anzieht. Außer es ging extrem schnell. Wenn Variante eins stimmt, dann stellt sich die Frage, ob die Entführer professionell operiert haben. Wurden sie als Sklaven verkauft an undurchsichtige

Millionäre in einem Kinderhändlerring? Oder ist das zu film-reif?

Die zweite Option ist die, dass der Täter die Mädchen, zu-mindest Rachel und Lisa, gut kannte, sie ihm vertrauten und deshalb in seinen Wagen stiegen. Die kleine Julie hingegen vertraute auf ihre älteren Begleiterinnen und folgte ihnen anstandslos. Davon sind Rusty und der neue Detektiv über-zeugt. Es ist nur ein Gefühl, aber ich tendiere auch dazu, dass eine vertraute Person hinter der Entführung steckt. Ich glaube nicht, dass ein Kinderhändlerring oder eine ähnliche professionelle Gruppierung einen solchen Ort für ihre Ent-führungen wählen würden. Die Zeugenaussagen waren we-nig überzeugend und bei solchen medienwirksamen Fällen melden sich ja öfter Leute, die glauben, irgendetwas gesehen zu haben.

Ich glaube auch, dass die Tat spontan geschah. Vielleicht war der Entschluss dazu schon länger da, doch im Endeffekt führte Mister X die Tat instinktiv und ohne großen Plan aus. Der Täter wollte Rachel und/oder Lisa, ich glaube Julie war einfach nur zur falschen Zeit am falschen Ort. Sie hatte der Täter nicht mit einberechnet, vielleicht war sie sogar das To-desurteil für alle drei.

Ich glaube, er lockte sie unter einem Vorwand in sein Auto, mindestens eines der Mädchen muss ihm extrem ver-traut haben. Was danach passierte, ist schwer zu spekulie-ren. Ich glaube nicht an die Theorie, dass Rachel jedes Weihnachten ihre Heimat im Geheimen aufsucht. Das klingt mir zu sehr nach einem Märchen. Vielleicht wurden sie eine Zeit lang gefangen gehalten, aber ich glaube nicht, dass die drei heute noch leben. Sie wären über fünfzig und der oder die Täter noch viel älter. Da wäre ein Fluchtversuch einfach zu wahrscheinlich. Ich glaube auch, dass es jemanden aus dem Umfeld gibt, der das Geheimnis kennt. Eine Person, die weiß, was in jener Nacht geschah, vielleicht selbst der Täter ist und sich unter den Trauernden versteckt hält.

Und dann wäre da noch der Brief. Wenn Rachel wirklich gezwungen wurde, ihn zu schreiben, dann wurde sie definitiv zunächst nicht getötet. Auch mysteriös finde ich, dass Tommy, der Ehemann, sicher war, dass die Handschrift nicht von seiner Frau stammte, die Experten hingegen es jedoch für möglich hielten. Generell diente der Brief dazu, dem Täter Zeit zu verschaffen. Ein paar Tage oder Wochen ohne Polizeikontrollen und Suchtrupps. Gerade wenn es um junge Vermisste geht, muss ihm klar gewesen sein, dass die Medien sich auf die Story stürzen. Er wollte ungestört operieren bei seinem Vorhaben, was auch immer es war. Wozu brauchte er die Zeit? Um die Leichen in Ruhe zu entsorgen? Oder um die noch lebenden Mädchen an einen anderen Ort zu schaffen? Sie in ein Versteck zu bringen? Ein dunkles Verließ? Wieso ließ er nur Rachel den Brief an ihren Mann schreiben und nicht auch Lisa und Julie eine Nachricht an ihre Familien? Ging es im Endeffekt nur gezielt um Rachel und die anderen beiden waren Zufallsopfer? Wenn der Täter wirklich aus dem direkten Umfeld von Rachel stammt, hätte ihm dann nicht auffallen müssen, dass sie ihren Mann falsch anschrieb? Stammte er deshalb aus dem Umfeld von Lisa? Oder war gar Julie, die Neunjährige, am Ende doch das entscheidende

Puzzleteil in dieser Geschichte? Es fällt schwer, diese Fragen aus der Ferne zu beantworten.

Die Polizei macht mir in dieser Geschichte wirklich einen durchweg schlechten, fahrlässigen und unbekümmerten Eindruck. Klar ist es Spekulation, aber hätte man von Anfang an ernsthaft ermittelt, wären die Täter eventuell gefasst worden. Die Polizei ist immer noch an dem Fall dran, man hört aber nur wenig. Die letzte ernst zu nehmende Stellungnahme gab es 2001. Darin wurde gesagt, dass die Polizei einige Szenarien darüber zusammengestellt hat, was passiert sein könnte. Auch versuchte sie, DNA-Spuren zu sichern und abzugleichen, mit einer Technologie, die es zum Tatzeitpunkt noch nicht gab. Die Polizei in Fort Worth sagte sinngemäß, es wäre das Wichtigste, die Öffentlichkeit daran zu erinnern, dass sie immer noch an der Sache dran sind. Seitdem hat man aber nichts bahnbrechend Neues gehört. Ob wirklich noch jemand von der Polizei mit Hochdruck diesen Fall bearbeitet, darf bezweifelt werden.

An Rustys Stelle würde ich auch wahnsinnig werden und den Fall alleine aufrollen. Ich hoffe für ihn und all die anderen, dass dieses Rätsel endlich aufgeklärt wird und die Familien ein für alle Mal Gewissheit haben.

13

AUF NUMMER SICHER

Ein Rentnerehepaar wird im Chiemgau erschossen und in ihrem eigenen Wohnmobil verbrannt. Dann flüchtet der Täter mit einem Taxi.

In den meisten Strafgesetzbüchern der westlichen Welt existiert ein bedeutender Unterschied zwischen Mord und Totschlag. Was für Laien wie ein und dasselbe klingen mag, wird von den Juristen nicht umsonst gesondert betrachtet. Während ein Totschlag aus einer zufälligen, ungeplanten Schlägerei resultieren kann, erfolgt ein Mord vorsätzlich und aus niedrigen Beweggründen. Die meisten Mordfälle sind Beziehungstaten, ihre Motive in der Regel Eifersucht und Rachegefühle. Sexuelle Befriedigung eines Triebs, Habgier oder reine Tötungslust stehen ebenso weit oben auf der Liste wie ein sogenannter Verdeckungsmord. Fachleute bezeichnen so eine Tat, wenn zum Beispiel ein Bankräuber einen Zeugen erschießt, um ungesehen mit der Beute fliehen zu können.

Profiler der Polizei haben daher immer zuerst die Aufgabe, das Motiv des Mörders zu entschlüsseln. Ist dieses erst einmal bekannt, können die Ermittler die Tatverdächtigen eingrenzen. Bei vielen Fällen mag die Suche nach dem Beweggrund recht einfach sein. Wurden etwa Juwelen aus einer Villa geraubt und der Besitzer getötet, liegt ein Raubmord nahe. Ging bei einem Todesfall eine Vergewaltigung voraus, ist ein Mord aus Sexualtrieb die wahrscheinlichste Hypothese. Für die Ermittler ist es allerdings in der Realität oft nicht so einfach zu entscheiden, welches Motiv der Täter hatte. Das echte Leben liefert meist nicht so eindeutige Indizien wie das Lehrbuch.

Im beschaulichen Traunstein in Oberbayern kann die Polizei selbst nach mehr als zwanzig Jahren noch nicht das genaue Motiv für den wahrscheinlich grausamsten Doppelmord nennen, der sich jemals in der oberbayrischen Region abgespielt hat.

Am 29. Mai 1997 startete das holländische Rentnerehepaar Harry und Truus Langendonk, 63 und 61 Jahre alt, seine verhängnisvolle Reise nach Deutschland. Die beiden wollen mit ihrem Wohnmobil über die Alpenstraße fahren, mit dem Endziel Berchtesgadener Land. Mutmaßlich zwei Tage nach Reisebeginn erreichen sie den Bodensee, ihren ersten größeren Halt, von dort aus geht es weiter Richtung Osten. Auf dem Kamerafilm des Ehepaars wird die Polizei später glückliche Fotos vor dem Schloss Neuschwanstein oder beim Baden im See finden.

Die beiden haben drei erwachsene Töchter, bei denen sie sich in regelmäßigen Abständen telefonisch melden. Ein paar Tage vor der Abreise feierte Harry Langendonk noch seinen 63. Geburtstag. Sie seien so glücklich gewesen, sagte eine der Töchter später den Zeitungen. Der Vater hatte ein paar Jahre zuvor noch leidenschaftlich ein Geschäft für Lkw-Bremsen betrieben, außerdem verbrachte er seine Freizeit damit, Campingwagen einzurichten, obwohl er selbst kein besonders passionierter Urlauber war. Seine Frau Truus war ganz anders gestrickt, sie liebte das Verreisen. Außenstehende beschrieben das Ehepaar als bescheiden und gerade auf Reisen äußerst auf Sicherheit bedacht. Die Rentner waren sehr beliebt und hatten keine Feinde.

Am 6. Juni machten die Langendonks am Chiemsee Rast. Das Wetter hatte sich nach verregneten Tagen nun stark verbessert. Einen Tag später stiegen die Temperaturen sogar auf

25 Grad. Die Wolken klarten auf und die Sonne überstrahlte das idyllische Chiemgau. Vormittags war das Paar in der kleinen Gemeinde Übersee unterwegs, unweit des Sees. Später am Tag riefen sie ihre Töchter an. Sie wirkten glücklich und ausgeglichen.

Im nur wenige Kilometer entfernten Marquartstein ließen sich die Langendonks im mittlerweile geschlossenen Gasthaus Schlossberg bewirten. Eine Kellnerin erinnerte sich noch gut an die Niederländer. Sie erkundigten sich bei ihr nach der Route nach Reit im Winkl, einem Ort südlich von Marquartstein. Doch die Langendonks entschieden sich offenbar spontan anders und steuerten nach dem Mittagessen das nördlich gelegene Örtchen Siegsdorf an. Um halb drei riefen sie zum letzten Mal von einem öffentlichen Telefon ihre Kinder an. Sie erzählten den Kindern von ihrem Tag und von ihren weiteren Reiseplänen, die Welt schien in Oberbayern in Ordnung zu sein. Die Töchter machten sich keine Sorgen. Sie konnten nicht ahnen, dass die Polizei ihnen am nächsten Morgen eine grausame Mitteilung überbringen würde.

DIE KAFFEEPAUSE

Das Ehepaar fuhr als Nächstes in die kleine Gemeinde Litzlwalchen. Um 15 Uhr wählten sie am Waldrand des Litzlwalchener Hölzl ihren Rastort, keine hundert Meter von der Bundesstraße entfernt. Später werden sich die Polizisten fragen, warum sich die beiden ausgerechnet diesen Platz an einem unspektakulären Wald für ihre Pause ausgesucht haben. Der Ort bot keine schöne Aussicht, lediglich schattig war die Stelle, an der das Ehepaar Kaffee trank und Kuchen aß.

Die einzige Besonderheit in der Nähe war ein Flugplatz, auf dem sich auch an jenem Junitag viele ambitionierte Modellflieger aufhielten. Das Spektakel schien die Langendonks aber wenig zu interessieren, denn sie bauten ihre Stühle in Richtung Waldrand auf, sodass sie keinen Blick auf den Flugplatz hatten. Zeugen aus der Hobbyflieger-Community bestätigten, dass die Langendonks gegen 15 Uhr ankamen. Um 18 Uhr hatten die Modellflieger längst das Feld geräumt, und die Langendonks waren alleine auf weiter Flur. Nun ja, offenbar nicht ganz allein.

Denn plötzlich fielen Schüsse. Diese waren sogar in einigen Teilen der kleine Gemeinde Litzlwalchen zu hören. Eine Anwohnerin hörte einen ersten Schuss und daraufhin den Schrei einer Frau, es folgten ihr zufolge weitere sechs bis sieben dicht hintereinander abgefeuerte Schüsse, ehe das Geschehen verstummte. Die Zeugin hatte keinen Blick auf das Wohnmobil und konnte die Geräuschkulisse nicht einordnen. Die meisten Einwohner gingen davon aus, dass ein Jäger im Wald auf Tiere schoss, und informierten nicht die Polizei. In der ländlichen Region war das eine logische Erklärung. Doch der einen Anwohnerin blieben Zweifel, da weder die Uhrzeit noch die Tatsache, dass ein Jäger in der Regel nur zwei Schuss hintereinander abfeuern kann, zu der Theorie passte.

Bis heute hat die Polizei keine genauen Angaben über den Tathergang publiziert und die verschiedenen Theorien nicht kommentiert. Doch wahrscheinlich spielte es sich so ab: Während die Langendonks im Schatten der Bäume den letzten Kaffee ihres Lebens trinken, schleicht sich aus dem Waldstück der Unbekannte heran. Er trägt eine Schusswaffe und feuert zuerst auf Harry, den er als bedrohlicher empfindet. Er trifft den Rentner tödlich in den Hinterkopf. Die schreiende Truus Langendonk versucht zu fliehen, wird aber von einem Schuss in den Rücken niedergestreckt. Der Täter feuert noch ein paar weitere Mal und schneidet seinen beiden Opfern anschließend die Kehlen durch, um sicher zu sein, dass sie tot sind. Die Leichen schleppt er in das Wohnmobil.

Doch was er dann tat, macht die Geschichte nur noch mysteriöser. Er verweilte an Ort und Stelle – und machte zunächst: nichts. Der Zeitpunkt der Schüsse wird auf 18 Uhr taxiert, der Mörder fuhr mit dem Wohnmobil samt der Leichen allerdings erst um 20 Uhr von dem Feldweg herunter. Was tat er die zwei Stunden lang? Spuren am Tatort beseitigen? Oder wartete er, um zu gucken, ob jemand die Schüsse gehört hatte? Legte er sich auf die Lauer im Wald und beobachtete, ob die Polizei oder Zeugen kommen würden? Oder war er zu geschockt, dass er gerade ein unschuldiges Rentnerehepaar ermordet hatte?

Was ihn auch immer zu der Pause veranlasste, um 20 Uhr fuhr er mit dem toten Ehepaar im Wohnmobil auf die Bundesstraße. Der Mann hatte anscheinend nur den Plan im Kopf, die Toten möglichst weit vom eigentlichen Tatort wegzubringen, um eine falsche Spur zu streuen. Er arbeitete unsauber, denn am Tatort ließ er einige Utensilien zurück. Während er die Stühle wieder in das Wohnmobil räumte, vergaß er ein Bein des Campingtisches. Er beseitigte auch nie die Projektile und Hülsen seiner Waffe, einer Tokarev TT33. Die Pistole wurde früher vor allem von der Polizei in osteuropäischen Ländern wie zum Beispiel Bulgarien genutzt.

Der Mörder führ über die Autobahn, solange der Sprit reichte. Als er das knapp 300 Kilometer entfernte Nürnberg erreichte, wurde der Diesel langsam knapp. Ob geplant oder nicht, der Täter fuhr das Wohnmobil auf einen Wanderparkplatz in Nürnberg-Altenfurt. Dieser Ort ist von der Straße aus nur eingeschränkt einsehbar und war somit gut geeignet für sein weiteres Vorhaben. Die Polizei geht davon aus, dass der Täter seine Tat nicht akribisch plante, sondern eher spontan und intuitiv handelte.

DAS BRENNENDE WOHNMOBIL

Zeugen wollen sich erinnert haben, das noch unbeschädigte Wohnmobil um Mitternacht auf dem Waldparkplatz gesehen zu haben. Nicht mal eine Stunde später brannte es lichterloh. Der Mörder hatte das Fahrzeug samt der Leichen in Brand gesetzt und flüchtete. Während die Einsatzkräfte innerhalb kürzester Zeit mit lauten Sirenen herbeieilten, floh der Unbekannte über einen Waldweg. Dort ließ er wohl absichtlich einige Beweise zurück. Unter anderem fand die Polizei Brieftaschen samt Führerscheinen der Toten und die Kamera der Langendonks, deren Film der Mörder versucht hatte zu zerstören. Experten der Kripo gelang es trotzdem, zumindest einige Fotos zu retten. Wieso zerstörte er den Film der Kamera? Befand sich darauf vielleicht ein Foto des Täters? Hatte das Ehepaar ihn etwa abgelichtet, als er eine Straftat beging? War der Mord gar eine Vertuschungstat? Und wieso nahm der Doppelmörder nicht die Beweise mit, sondern präsentierte sie den Ermittlern? Hatte er Angst, in eine Kontrolle zu geraten und dabei aufzufliegen? Die Polizei ging davon aus, dass er in Panik handelte und deshalb nach und nach an verschiedenen Stellen die Utensilien der Langendonks zurückließ.

Um zwei Uhr in der Nacht ging ein Anruf in der Taxizentrale in Nürnberg ein. Während die Spurensicherung noch den vermeintlichen Tatort sicherte, ließ sich der Mörder bequem zum Nürnberger Hauptbahnhof kutschieren. Dem Taxifahrer war der Mann mit dem markanten Gesicht und den blonden Haaren gut im Gedächtnis geblieben. Der mutmaßliche Doppelmörder war zwar auf den ersten Blick ein schick gekleideter Mann, der ein braunes Sakko zu einem Hemd mit Krawatte trug. Wohl ein Geschäftsmann, vermutete der Fahrer. Doch der beißende Schweißgeruch seines nächtlichen Gastes und die fettigen Haare zerstörten den Eindruck des aalglatten Businesstyps. Merkwürdig ist auch, dass der Täter gerne mit der Kreditkarte oder französischen Francs die Taxirechnung begleichen wollte. Der verwunderte Taxifahrer ließ sich nach einer kurzen Diskussion den Wechselkurs durchgeben und akzeptiert die französische Währung.

Es war halb drei in der Nacht, als der vermeintliche Geschäftsmann den Hauptbahnhof erreichte. Der letzte Zug war bereits lange weg, also bestieg der Anzugträger kurze Zeit später ein anderes Taxi. Der Täter schien zunächst unschlüssig, wohin es gehen sollte. Er nannte dem ebenfalls direkt misstrauischen, zweiten Taxifahrer in österreichischem oder bayrischem Dialekt unterschiedliche Fahrziele. Erst sollte es zum Münchener Flughafen, dann auf einmal zum Münchner-Nordostbahnhof gehen – einen Ort, den es gar nicht gibt.

Schließlich entschied sich der Täter um. Er wollte nach Marquartstein, zurück in den Chiemgau, dorthin, wo alles begann. Der arme Taxifahrer wusste weder, wen er da in seinem Wagen hatte, noch, was an dem Ort geschehen war, an den er den Unbekannten bringen sollte. Der schwitzende Fahrgast wirkte recht schweigsam, redete kaum. Unter dem Vorwand, er wäre sonst nur mit dem Zug unterwegs, ließ er seinen Fahrer an einer Raststätte kurz hinter der bayrischen Landeshauptstadt eine Karte der Region kaufen. Die Überwachungskameras fingen zwar den Fahrer ein, nicht jedoch den Mörder im Rückraum des Autos. Es schien, als sei der dreiste Täter vom Glück nur so gesegnet.

Der Nürnberger Taxifahrer brauchte die Landkarte dringend für die weitere Strecke, denn in einer Zeit, in der heutige Navigationsgeräte noch nicht existierten, waren sie die sicherste Orientierungshilfe. Kurz vor Marquartstein entschied sich der Mörder, ein weiteres Mal das Ziel zu ändern. Er lotste den unwissenden Taxifahrer, ohne auf die Karte zu schauen, exakt zu dem Ort, an dem er wenige Stunden zuvor zwei Menschen umgebracht hatte. Er verließ den Wagen mitten auf der Bundesstraße, schlich in Richtung Wald und ließ einen kopfschüttelnden Fahrer zurück. So etwas Gruseliges hatte der Mann in all seinen Jahren hinter dem Steuer noch nicht erlebt. Zudem hatte der Gast seinen Chauffeur diesmal in Schilling bezahlt. Den Preis, der mit umgerechnet 500 DM sehr hoch war, hatte der mysteriöse Gast gezahlt, ohne mit der Wimper zu zucken. Viel Zeit, sich den Ort einzuprägen, blieb dem Taxifahrer nicht, denn er musste noch in derselben Nacht zurück nach Nürnberg fahren, da seine Schicht am Morgen endete. Ein letzter Blick Richtung des dunklen Waldweges, dann trat er aufs Gaspedal.

Die Ermittler schreckten in den folgenden Wochen auch nicht vor eigenwilligen Methoden zurück, um die Tat aufzuklären. Man unterzog den zweiten Taxifahrer einer Hypnose, um weitere Details über den Doppelmörder hervorzulocken. Der schweigsame Gast hätte angeblich die Berliner Symphoniker erwähnt, zudem wäre seine Ausrede gewesen, dass er seine Freundin am Bahnhof verpasst hätte, weswegen er ihr jetzt mit dem Taxi hinterherfahren musste. Das Sakko hatte er die gesamte Fahrzeit über ausgezogen und über seine Beine gelegt, als wolle er etwas Brisantes damit verbergen. Vielleicht die Tatwaffe oder verräterische Blutflecken? Die Hypnose-Technik gilt als nicht besonders zuverlässig, und so lassen sich die Aussagen des besten Zeugen in diesem Fall nur mit Vorsicht genießen.

DIE RÜCKKEHR

Warum kam der Täter an den Tatort zurück? Er riskierte damit seine Entdeckung, denn die Taxifahrt mit einem Zeugen, der ihn stundenlang beobachten konnte, war nicht nur teuer, sondern für den Mörder auch ein hohes Risiko. Beide Taxifahrer lieferten ein gemeinsames Phantombild ab. Der mysteriöse Unbekannte musste einen guten Grund gehabt haben, all die Kilometer zurück zu reisen und das Risiko einer Festnahme einzugehen. Wollte er etwas vom Tatort verschwinden lassen? Hatte er einen deutlichen Hinweis auf seine Identität verloren? Trotz seiner schnellen Rückkehr fand die Spurensicherung, wie bereits erwähnt, ein einzelnes Bein des Campingtisches, die Patronenhülsen und auch die Sonnenbrille von Truus Langendonk am Tatort.

Wenn der Täter in der Nacht vorhatte, den Ort zu reinigen, dann hatte er dabei versagt. Eventuell ging es ihm aber nur um ein einziges Detail, das ihn direkt verraten hätte und das er sehr wohl entsorgen konnte. Eine Einsteighilfe des Wohnmobils versteckte er halbherzig im Wald, die restlichen Spuren übersah er in der Nacht komplett oder empfand sie als nicht wichtig genug, um sie zu verstecken.

Diese gesamte Tat erscheint so mysteriös und unberechenbar, dass sie zwangsläufig unzählige Fragen aufwirft. Wie kam der Unbekannte von dem abgelegenen Waldweg zurück? Hatte er einen Komplizen? Der Taxifahrer, der ihn an dem Rastplatz am Wald absetzte, hatte an der Bundesstraße jedenfalls kein weiteres Auto gesehen, das womöglich auf den Täter gewartet haben könnte. Auch die Herkunft des Täters bleibt unklar: Kannte er die Region? Kam er ursprünglich aus dem Chiemgau? Darüber streiten sich sogar die Profiler und Experten. Wieso ließ er den Taxifahrer eine Karte kaufen, wenn er sich ausgekannt und den Fahrer hätte lotsen können?

Die Flucht mit dem Wohnmobil nach Nürnberg spricht allerdings dafür, dass der Mörder um jeden Preis verhindern wollte, dass man den wahren Ort seiner Tat zuordnen konnte. Wieso? Weil er dort bekannt war? Das Chiemgau ist eine friedliche Gegend, in der solche Gewalttaten eigentlich nie vorkommen. Wenn der Mann, den zwei Taxifahrer exakt beschreiben konnten, aus der Gegend kam, wieso meldete sich niemand bei der Polizei? In einer ländlichen Gegend würde das markante Aussehen sofort zugeordnet werden können. Dass ein ganzes Dorf einen mutmaßlichen Doppelmörder decken würde, wäre unrealistisch.

Ich habe am Anfang dieses Kapitels verschiedene Motive eines Mordes aufgezählt. Bis heute versucht die Polizei in diesem Fall zu rekonstruieren, was die Motivation hinter der Tat war. War es eine Beziehungstat? Unwahrscheinlich, denn es ist nicht bekannt, dass sich Opfer und Täter kannten, falls doch, dann erst seit einem Zeitpunkt auf der Reise. Die Zeugen, die dem Ehepaar auf der Fahrt entlang der Alpenstraße begegneten, berichteten, dass die Holländer stets alleine unterwegs waren. Sie wurden mit keinem Fremden gesehen, schon gar nicht einem Sakkoträger mit blonden Haaren.

Die Fahnder tippten zunächst auf den Raubmord eines Fremden, der zufällig in der Gegend war, doch die These schien undurchdacht. Wieso sollte sich ein Täter, der auf schnelles Geld aus ist, in diesem abgelegenen Waldstück auf die Lauer legen, das nicht gerade bekannt dafür ist, von Campern angefahren zu werden. Zudem war das Risiko extrem hoch, dass Anwohner die Schüsse hören. Der Mörder warf ein Teil des Geldes der Langendonks einfach weg, und die Taxifahrt dürfte ihn mehr gekostet haben, als ihm der Überfall einbrachte. Ein finanzielles Motiv kann daher wohl ausgeschlossen werden.

Man kann sich natürlich auch die Frage stellen, weswegen das holländische Ehepaar ausgerechnet an jenem Waldweg eine Pause einlegte. War das wirklich nur Zufall? Der Ort war weder besonders schön noch spektakulär. Vom einzigen Highlight, dem Flugplatz, wandten sie sich ab. Gab es vielleicht doch ein vereinbartes Treffen? Die Zeit zwischen der Ankunft der Langendonks (15 Uhr) und den Schüssen (18 Uhr) betrug drei Stunden. Eine ungewöhnlich lange Zeit für eine Kaffeepause, zudem hatten sie zum Tatzeitpunkt noch nicht mal eingepackt, wären gegebenenfalls also sogar noch länger an diesem Ort geblieben.

Der Mörder führte eine sogenannte Übertötung durch, ein Wort, das aus dem Kalten Krieg stammt und einen Vorgang beschreibt, bei dem man einem Feind nach dem tödlichen Ausschalten weitere Verletzungen zufügt, die längst nicht mehr nötig wären. Der Täter schnitt den Opfern, nachdem er sie erschoss, zusätzlich die Kehle durch. Wollte er zu hundert Prozent sichergehen, dass sie tot waren? Oder hatte er vielleicht einfach Spaß an seinem grausamen Morden?

Die nächste Frage ist, ob der Killer ein Profi war oder ein Amateur. Die Waffe, die er besaß, deutet auf gute Kontakte nach Osteuropa hin. Die Tat hingegen war in jedem Punkt schlecht durchdacht. Es war nur dem Glück des Täters zu verdanken, dass er nicht aufflog. Dieses verließ ihn bis heute nicht: Wie sonst wäre es zu erklären, dass der Mörder trotz all seiner Fehler auf freiem Fuß ist. Die lange Flucht nach Nürnberg, die Beweise, die er in den Wald warf, die teure Taxifahrt, die ihn überhaupt in das Visier der Ermittler brachte, und letztendlich die vielen Spuren, die er nicht entsorgte, das alles reichte kurioserweise nicht aus, um ihn zu überführen. Ein Profi-Killer, das scheint sicher, hätte niemals so viele Fehler auf einen Schlag gemacht.

Die Profiler haben versucht, das Täterprofil einigermaßen einzuschränken. Man geht davon aus, dass der Mann über 30 Jahre alt war, denn dafür spricht sein recht gefasstes, unaufgeregtes Verhalten. In dieser brisanten Lage bewies er des Öfteren ein geschicktes Improvisationstalent. Er machte natürlich Fehler, aber anstatt aufzugeben oder durchzudrehen, suchte er stets einen Weg, seine Probleme zu lösen. Viele gehen davon aus, dass er zumindest die Region gut kannte und eventuell eine Zeit dort gelebt hatte. Dass ein Fremder den Taxifahrer in dieser ländlichen Gegend zum Tatort navigieren kann, wäre bemerkenswert.

Zudem scheint seine Kleidung für einen Mord ungewöhnlich. Der Taxifahrer ging erst davon aus, sein Gast sei vielleicht auf dem Weg in ein Spielkasino, das einen Dresscode vorschreibt. Was war der Mann von Beruf?

Die Polizei konnte nie einen Tatverdächtigen präsentieren. Zwei russische Gangster, die sich auf der Flucht befanden, wurden zunächst zwar festgenommen, wohl vor allem aufgrund der Tatwaffe. Ihr Alibi wurde überprüft und war allerdings absolut wasserdicht und so fielen sie als Täter direkt wieder aus dem Muster.

MEIN FAZIT

Ich persönlich habe die Theorie, dass der Doppelmörder einfach ausprobieren wollte, wie es ist zu töten. Er tat es zum ersten Mal, weswegen er zusätzlich die Kehlen durchschnitt. Er war schlicht unsicher, ob die Schüsse ausreichten. Als er das wehrlose Rentnerehepaar beim Kaffeetrinken am Waldrand sah, ergriff er die Gelegenheit beim Schopf.

Nach seinem Rausch war er zunächst viel zu schockiert, um zu wissen, was zu tun sei. Er war kein Psychopath, der vorher alles penibel geplant hatte. So könnte man erklären, warum er zwei Stunden nichts tat, bevor er Hals über Kopf mit den Leichen an Bord nach Nürnberg fuhr. Er war ein kluger Kopf, hatte immer wieder Ideen zum Improvisieren. Der Taxifahrer sagte aus, der Mann wirkte gebildet. Dennoch schwitzte er vor Aufregung. Mord war definitiv nicht sein Tagesgeschäft.

Diese Theorie basiert vor allem auf dem Ausschlussverfahren. Einen Raubmord sehe ich hier nicht. Dass jemand das beliebte Ehepaar im Urlaub gezielt umbringen wollte, halte ich ebenfalls für unrealistisch. Ich persönlich glaube, sie waren zufällige Opfer, zur falschen Zeit am falschen Ort.

War es am Ende doch ein einfacher Raubüberfall, der schiefging? Gab es noch einen zweiten Täter? Unmöglich ist das nicht, aber ich glaube eher nicht an mehrere Mörder. Dann hätte der zweite Mann den Tatort reinigen können und der Haupttäter nicht dahin zurückkehren müssen.

Das Motiv ist in diesem Fall wie so oft der Schlüssel zur Lösung. War es ein kaltblütiger Mord oder Totschlag im Affekt? Das spielt juristisch eine entscheidende Rolle, denn während Mord niemals verjährt, kann Totschlag bereits nach zwanzig Jahren, bei besonders schweren Fällen nach dreißig Jahre nicht mehr bestraft werden. Dieser Fall würde mutmaßlich aufgrund der Grausamkeit der Tat eine besondere Härte darstellen, dennoch hätte der Täter, wenn auf Totschlag entschieden werden würde, spätestens in zehn Jahren nichts mehr zu befürchten. Im Jahr 2017 strahlte das Fernsehen eine Dokumentation aus, in der mit neuen Informationen ausführlich über den Fall berichtet wurde. Sie brachte der Polizei in Traunstein Hunderte neue Hinweise ein. Es dauert sicherlich seine Zeit, diese alle zu überprüfen, doch vielleicht ist ja diesmal der entscheidende Tipp dabei. Dann könnte der Schuldige, der irgendwo unter unbescholtenen Bürgern lebt, doch noch gefasst werden. Wer so ein grausames Verbrechen begeht, darf damit niemals davonkommen. Egal ob Mord oder Totschlag.

EINE GRUSELIGE ZUGABE

In diesem letzten Kapitel will ich euch die wahrscheinlich gruseligste Geschichte meines Lebens erzählen. Zumindest gehe ich davon aus, dass in meiner restlichen Lebenszeit nichts diese Geschehnisse noch übertreffen wird. Ich kann mir bis heute nicht wirklich erklären, was mir da eigentlich passiert ist. Natürlich ist sie nicht auf dem Level der bisherigen dreizehn Kapitel, aber da bin ich ehrlich gesagt auch nicht unglücklich drüber.

Wie ich im Vorwort bereits erwähnt hatte, stamme ich aus einer typischen Vorstadt. Hier ist wenig los, und als Kinder war uns oft so langweilig, dass wir aus Mangel an Alternativen unsere eigenen Spiele erfanden. Eines davon bestand darin, zufällige Menschen auf der Straße zu verfolgen. Nicht offensichtlich, sondern so, als wären wir Detektive oder verdeckte Ermittler, die eine Zielperson beschatten sollten. Es mag merkwürdig klingen, aber es machte uns wirklich Spaß und wir fühlten uns wie Spione aus unserem Lieblingsagententhriller.

Es lief eigentlich immer gleich ab. Wir waren in der Stadt unterwegs und suchten uns zufällige Personen in der Fußgängerzone aus, die besonders interessant aussahen, und verfolgten sie eine Zeit lang. Unsere Gemeinde war nicht besonders groß und so dauerte eine typische Observation meistens nicht mehr als fünfzehn Minuten. Wir versteckten uns hinter Autos oder Häuserecken und schlichen in regelmäßigen Abständen zur nächsten Deckung. Unser Adrenalinkick bestand darin, nicht entdeckt zu werden.

Eines Tages brachte ein Kumpel von mir sogar Walkie-Talkies mit, die ihm seine Eltern geschenkt hatten. Spätestens seitdem fühlten wir uns wie die Erben von Sherlock Holmes persönlich. Ich weiß nicht, wie viele Leute bemerkten, was wir im Schilde führten. Als Kind hat man natürlich ein noch nicht besonders ausgeprägtes Aufnahmevermögen. Es kann deshalb durchaus sein, dass uns fast jedes unserer Opfer durchschaute und sich verwundert fragte, warum er von lachenden, kleinen Kindern verfolgt wurde.

Es war ein kalter, windiger Tag im Herbst, als ich nachmittags mit einem meiner besten Freunde durch die Stadt schlenderte. Eine geeignete Zielperson ließ nicht lange auf sich warten. Der Mann auf der anderen Straßenseite war komplett in Schwarz gekleidet und trug einen auffälligen dunklen Hut. Wir waren uns sofort einig, dass wir diesen Mann verfolgen mussten, der aussah, als sei er gerade einem Bond-Film entsprungen. Wir kannten viele Menschen aus unserem Ort, aber diesen Herrn, da waren wir uns sicher, hatten wir noch nie hier gesehen.

Der Unbekannte marschierte schnellen Schrittes davon und wir hatten Mühe, mit ihm mitzuhalten. Die Zeit lief gegen uns, es wurde bald dunkel und wir hatten unseren Eltern versprochen, bei Einbruch der Dämmerung zu Hause zu sein. Mister X verließ auf direktem Wege die Innenstadt und steuerte auf den Stadtwald zu. Zum ersten Mal lief uns eine

Gänsehaut den Rücken hinunter, als der Mann in Schwarz zwischen den Bäumen verschwand.

Mein Kumpel und ich schauten uns an: Sollten wir wirklich den Waldweg betreten und den gruseligen Mann in dieser einsamen Gegend verfolgen? Normalerweise blieben wir während unserer Observationen immer im Stadtgebiet, erst recht, wenn es dunkel wurde. In weniger als einer Viertelstunde würde es stockfinster sein. Nennen wir es jugendliche Naivität, aber wir hingen uns trotzdem an seine Fersen. Wir vereinbarten, nur kurz zu schauen, ob er tiefer in den Wald hineingehen würde. Falls ja, wollten wir uns artig auf den Heimweg machen.

Geduldig warteten wir, bis er hinter der ersten Kurve verschwunden war. Danach folgte eine circa hundert Meter lange gerade Strecke. Wir kannten die Gegend wie unsere Westentasche und wussten, dass wir auf der Geraden ohne Sichtschutz sehr schnell entdeckt werden würden. Also lugten wir vorsichtig um die Ecke, um zu sehen, wie viel der Unbekannte von der Strecke bereits absolviert hatte. Ein Schauer lief uns beiden über den Rücken, als wir aus unserem Versteck hervorspähten. Der Mann war verschwunden. Der Weg war leer, keine Menschenseele war mehr zu sehen.

Das war unmöglich. Er konnte nicht in der kurzen Zeit die mehr als hundert Meter geschafft haben, nicht mal mit einem Sprint. Es blieb also nur eine einzige rationale Möglichkeit, denn dass sich ein Mensch komplett in seine Atome auflöst, ist nach derzeitigem Stand der Wissenschaft nicht möglich. Er musste ins Unterholz untergetaucht sein. Doch wieso? Hatte er uns bemerkt und lauerte uns jetzt auf? Wir hatten nicht den Mut, das herauszufinden. Im Gegenteil: Wir liefen so schnell wir konnten wieder in Richtung Stadt und waren überglücklich, als wir das Licht der Straßenlaternen sahen.

An diesem Abend bekam ich kaum ein Auge zu. Wer war der fremde Mann mit dem dämlichen Hut? Waren wir zu auffällig gewesen? Hat er sich vor uns versteckt oder uns gezielt aufgelauert? Oder war der Unbekannte vielleicht ein nächtlicher Pilzsucher und deshalb im Dickicht verschwunden? Eine aufreizend harmlose Erklärung, mit der ich gut hätte schlafen können – allerdings passte seine Kleidung nicht zu einer Pilzsuche und einen Korb hatte er auch nicht dabei. Und mal ganz im Ernst, wer sucht schon nachts Pilze im Wald? Die beruhigende Theorie des Pilzsuchers war somit verworfen. Vielleicht hätte mich dieses Kindheitserlebnis gar nicht mehr bis heute berührt, wäre die Geschichte hiermit geendet. Doch das tat sie nicht.

Viele Jahre später, aus dem kleinen Julian war ein pubertierender Teenager geworden, wurden wir von einer Lehrerin in die Stadtbücherei geschickt. Wir sollten für die Schule alte Geschichten aus unserer Umgebung recherchieren und dafür alte Tageszeitungen durchstöbern. Ich blätterte also wahllos im Archiv herum, auf der Suche nach einer Story, die aus mir die Motivation für eine gute Note herauskitzeln würde. Dabei stieß ich zufällig auf einen Artikel über einen Selbstmord bei uns im Stadtwald. Der Suizid, war darin zu lesen, lag über zehn Jahre zurück. Doch das Gruseligste an dem Zeitungsausschnitt war das Foto unter dem Artikel – der

Mann, der sich das Leben nahm, sah unserem verfolgten Mister X wie aus dem Gesicht geschnitten ähnlich. Ich hatte ihn sofort erkannt, obwohl die Sache schon Jahre her war. Es war wie ein Déjà-vu.

Sofort dachte ich natürlich, dass der Mann, der sich damals ins Nichts aufgelöst hatte, derselbe Typ war, der sich an einer ähnlichen Stelle das Leben nahm. Der Mann aus der Zeitung hatte sich laut dem Artikel im Wald erhängt, während unser Verfolgungsopfer definitiv aus Fleisch und Blut gewesen war. Ich hatte eine schaurige Vorstellung von der Tat. Sich zu erhängen, erfordert deutlich mehr Mut, als einfach Tabletten zu schlucken. Ich hatte mal irgendwo gelesen, dass viele Selbstmörder bei der Ausführung einen Fehler machen und anstatt direkt zu sterben noch einen stundenlangen Todeskampf erleiden. Ein grausames Phänomen. Die Vorstellung, dass sich ein Mann an exakt jener Stelle im Wald erhängte, an der ich als Kind spielte, jagte mir einen Schauer über den Rücken.

Eine wirre Theorie kam mir in den Sinn. Was wäre, wenn der Mann mit dem Hut der Bruder des Toten war, der immer wieder in der Dunkelheit zu der Stelle zurückkehrte, an der sein Bruder sich einst das Leben nahm? Ich verwarf die Theorie, sie klang zu sehr nach einer kitschigen Horrorgeschichte. Der Gedanke ließ mich trotzdem nicht los. Ich träumte als Jugendlicher immer wieder den gleichen Albtraum. Dort war die Situation auf den Kopf gestellt, denn Mister X verfolgte uns und nicht wir ihn. Er jagte uns in den Wald und kurz bevor er uns eingeholt hatte, wachte ich jedes Mal schweißgebadet, aber heilfroh auf.

Bis heute meide ich diese Stelle in unserem Stadtwald und wenn ich nur in die Nähe komme, bekomme ich ein mulmiges Gefühl. Die Welt ist böse, ganz egal ob in den USA, Australien oder meiner kleinen Vorstadt. Ich hatte gelernt, dass ich auf mich aufpassen musste.

FAZIT UND DANKSAGUNG

Du bist am Ende angekommen, und vielleicht geht es dir ähnlich wie mir. Ich würde am liebsten mit einer Zeitmaschine dreizehnmal in die Vergangenheit reisen, um zu sehen, was in diesen entscheidenden Momenten, über die wir hier spekuliert haben, wirklich passiert ist. Wir hatten unter anderem einen Flugzeugraub à la James Bond, unter mysteriösen Umständen verschollene Teenager und Morde, deren Drehbücher in Hollywood als zu unrealistisch abgelehnt würden. Es hinterlässt ein unbefriedigendes Gefühl, nicht zu wissen, wie eine Geschichte ausgegangen ist. Der Mensch braucht immer ein klares Ende, eine Chance abzuschließen. So sind wir einfach gepolt.

Vielleicht warst du bei einigen Fällen erschüttert und wütend auf den Täter, der immer noch als Unbekannter in Freiheit lebt. Mir ging es ähnlich. Es ist unwahrscheinlich, dass jeder einzelne Fall aus diesem Buch noch gelöst wird, aber ich würde mir wünschen, dass wenigstens eine Handvoll noch aufgeklärt werden. Nicht nur für uns Schaulustige, sondern vor allem für die Angehörigen, deren Leben nicht normal weitergehen kann, solange sie diese unerträgliche Ungewissheit haben.

Ich hoffe für dich, dass du das Buch nicht zu spät abends gelesen hast. Mich selber haben die Geschichten oft nicht einschlafen lassen, weil sie mich einfach nicht losließen.

238

Diese letzten Zeilen schreibe ich gerade um 3.12 Uhr. Der Großteil des Buches ist nachts entstanden, da ich ein absoluter Nachtmensch bin und die ruhige und unbeschwerte Atmosphäre schätze, wenn die halbe Welt im Reich des Schlafes weilt. Andererseits hat mich das intensive Schreiben so geprägt, dass ich selbst beim harmlosen Weg vom Flur in die Küche auf einmal Panik bekomme. Hinter jeder dunklen Ecke scheint ein Entführer oder heimtückischer Mörder zu warten. Die Welt ist böse, das ist mein Leitspruch seit mittlerweile sieben Jahren YouTube. Dieses Buch scheint einen nach seinen dreizehn Kapiteln in dieser Meinung zu bekräftigen, aber wir dürfen selbstverständlich nicht all die positiven Aspekte des Lebens vergessen, denn Gott sei Dank besteht die Welt nicht nur aus Phantom-Killern und Mafia-Morden.

Zum Schluss möchte ich mich noch bei einigen Leuten bedanken. Es fühlt sich komisch an, das zu schreiben, wenn man es sonst nur aus anderen Büchern kennt und sich immer fragt, ob überhaupt irgendwer sich diese Danksagungen noch durchliest, außer die Betroffenen selbst. Aber wenn ich schon einmal die Möglichkeit habe, dann will ich sie auch nutzen.

Zuallererst bedanke ich mich bei dem Verlag, der das ganze Buch überhaupt möglich gemacht hat, und bei Dennis und Felix, die die wundervolle Aufgabe hatten, meine nächtlichen Skripte Korrektur zu lesen, und sich sicher mal gewünscht haben, dass ich beim Thema Rechtschreibung im Deutschunterricht etwas besser aufgepasst hätte!

Als Nächstes danke ich meinen Eltern, die immer hinter

mir stehen und mir schon damals meine erste Kamera gekauften haben. Ich habe mit ihnen gemeinsam viele der hier
beschriebenen Fälle intensiv diskutiert und so neue Blick-
winkel auf das Vorgefallene erhalten. Danke Mama, danke
Papa, ohne euch wäre ich nicht hier!

Der nächste in der Liste ist mein bester Freund Amir, mit
dem ich so viel Verrücktes erlebt habe, dass ich darüber
sicher irgendwann noch mal ein eigenes Buch schreiben
werde!

Danke auch an meinen Kumpel Aaron, der mir weit über
YouTube hinaus ans Herz gewachsen ist und der auch einen
großen Anteil daran hat, dass dieses Buch in euren Händen
liegt.

Zum Schluss gilt der größte Dank natürlich euch allen da
draußen, jedem, der dieses Buch gekauft und bis zum Ende
gelesen hat. Ich bin stolz auf meine Community, die mich
wirklich tagtäglich unterstützt. Ihr gebt mir den Mut und die
Kraft weiterzumachen, komme, was wolle!

Und zum Schluss darf der wichtigste Satz natürlich nicht
fehlen. Liebe Leser, bitte denkt immer daran: Die Welt ist
böse, passt auf euch auf!